OPRESION, POBREZA Y LIBERACION:

Reflexiones bíblicas

por

Tomás Hanks

D0889428

© 1982 Editorial Caribe
Departamento de ventas:
3934 S.W. 8 St., Suite 303
Miami, Florida, 33134
USA
Departamento editorial y de producción:
Apartado 1307
San José, Costa Rica

ISBN: 0-89922-212-9

Printed in U.S.A.
Impreso en EE.UU.

Contenido

Prólogo

Esta obra, la segunda de la Colección CELEP, viene a llenar un gran vacío en la literatura evangélica latinoamericana. Por una parte, hace una seria, crítica y constructiva aportación a la búsqueda de una teología bíblica sobre el problema de la pobreza en América Latina. Por la otra, fortalece y a la vez corrige muchos de los juicios emitidos en las diversas teologías políticas de liberación que han surgido en América Latina en los últimos 15 años, desde una perspectiva evangélica. Al demostrar bíblicamente que la causa de la pobreza es la opresión y que la única alternativa es la liberación, Hanks verifica las diversas tesis adelantadas por los teólogos de liberación. Pero al mostrar la centralidad del tema de la pobreza en el Antiguo y Nuevo Testamento y la precisión con la cual la Biblia analiza la opresión como la causa fundamental de la pobreza; y al proponer como imperativo ético y misional una liberación plena e integral, Hanks no solo reposee la pertinencia histórica del mensaje bíblico, sino que cuestiona la preeminencia dada por algunos teólogos de liberación al lenguaje marxista a expensas del bíblico. Así, Tomás Hanks da un testimonio sólido e innovador, desde América Latina, del clásico *dictum* reformado *sola scriptura*. Ello es otra manera de decir que en la teología evangélica la Biblia viene primero, y viene primero no solo porque es la Palabra de *Dios,* sino porque es Palabra *liberadora* que Dios habla *desde* la situación oprimida de los pobres.

La obra no es pues simplemente otra teología de liberación que se suma a la línea predominante en las diversas corrientes teológicas latinoamericanas. Antes bien se trata de una obra fundamental de la emergente teología *evangélica radical.* Se designa así aquella corriente teológica que trabaja con los parámetros del movimiento evangélico histórico (el papel normativo de la Biblia en la vida y misión de la iglesia, la experiencia personal del evangelio por la fe en Jesucristo y su comunicación y obediencia como fruto y verificación de la vida en el Espíritu), procurando trazarlos a sus mismas raíces y llevarlos a sus últimas consecuencias. Ello la hace una corriente profética y contextual en el protestantismo latinoamericano. Profética, por cuanto denuncia aquellas teologías que pretenden ser bíblicas pero terminan distorsionando el mensaje de la Biblia; que abogan por la experiencia personal del evangelio pero resisten su llamado a la transformación de valores; que insisten en la comunicación del evangelio pero niegan su carácter encarnacional y su exigencia de justicia. Así mismo, es profética porque anuncia una praxis cristiana más fiel al mensaje de la Biblia, más integral al evangelio, más consecuente con sus exigencias éticas y más comprometida con el destino final de los que son interpelados por la buena noticia de salvación. Por otra parte, la corriente en cuestión hace de la teología evangélica una reflexión contextual por cuanto procura entender la Palabra tanto en la situación concreta del Pueblo de Dios de antaño como de hogaño. La tarea del intérprete bíblico no es simplemente la de entender el mensaje de la Biblia en su contexto *original,* sino en el contexto de la vida y misión del Pueblo de Dios a lo largo de su historia, y particularmente en el *presente.* Para ello, se necesita un diálogo permanente con los estudiosos de la realidad (historiadores, economistas, sociólogos, politólogos, antropólogos y sicólogos). Sobre todo, se necesita estar atento al clamor de aquellos que viven y sufren la pobreza.

En el presente trabajo Tomás Hanks se muestra un teólogo bíblico deseoso de ser fiel al texto en todo su sentido, abierto a la aportación de sus colegas en otros campos, sensible al clamor de los pobres de la tierra y preocupado por ayudar al Pueblo de Dios en América Latina en la ejecución de su misión. La obra no es, por tanto, una mera teología bíblica sino una teología al servicio de la pastoral. Provee un arsenal de recursos para la preparación de sermones, la formación del Pueblo de Dios, su acción evangelizadora y sus obras diaconales. Por todo ello, nos place saludar a su autor y recomendar su obra a todos los agentes de pastoral dentro y fuera de América Latina, así como a profesores y estudiantes de teología.

Orlando E. Costas
Seminario Bautista del Este
Filadelfia, Pennsylvania, EE.UU.

Introducción

Es increíble cómo nuestros intereses perjudican nuestra teología. Empecé a estudiar seriamente el tema de la pobreza en la teología bíblica en 1969. Don Carlos Troutman, quien ha dedicado su vida al ministerio con estudiantes, primero en los Estados Unidos, después en Australia, y posteriormente en América Latina, me pidió que preparara una conferencia sobre la pobreza en la Biblia para un campamento estudiantil en Roblealto, auspiciado por la Comunidad Internacional de Estudiantes Evangélicos. Pensé que sería cosa fácil. Sabía que la pobreza es un tema bastante común en la Biblia, y además tenía en mi biblioteca diccionarios y enciclopedias que pretenden tratar todos los temas principales —y casi todos los temas menores— de la Biblia. Necesitaría poco tiempo para consultar los libros, referirme a los comentarios sobre algunos textos claves, y alistar la conferencia. Me interesó la tarea, porque sabía que era un tema importante que apasiona al joven en América Latina.

Imagínese mi estupor cuando consulté todos los respetables tomos de erudición bíblica con resultado casi nulo. Estaba perplejo, decepcionado e indignado. Perplejo, porque no entendía por qué existía un hueco tan grande en las obras de erudición bíblica que nos vienen del Primer Mundo; frustrado, porque tendría que hacer 100 veces el trabajo que había planeado (empezando prácticamente de cero); e indignado, porque sabía de la existencia de tanta tesis doctoral en el campo bíblico sobre temas de muy poca importancia, mientras que éste, que reclamaba tanto la atención de las iglesias en América Latina se había quedado sin la atención debida.

Así, a sólo poco más de una semana antes de la fecha tope, empecé a leer toda la Biblia, buscando los pasajes que decían algo sobre la pobreza. En muy pocos días estuve inundado de textos pertinentes. Traté de analizarlos según el esquema de "causas" y "soluciones". Empecé a sentir que realmente había muy poco en la Biblia que no tuviera que ver en una forma u otra con los pobres, era un ininterrumpido anunciar "las Buenas Nuevas" a ellos; como decía Jesús. Llegué al campamento "haciendo eses", con suficiente materia para hablar toda la semana.

Al repasar ahora el bosquejo de mi primera conferencia me doy cuenta de los muchos huecos que dejé y de la perspectiva sumamente distorsionada por mi trasfondo (gringo, capitalista; aun republicano, con la esperada teología conservadora que comúnmente lo acompaña). Ciertos datos bíblicos habían empezado a retar mis presuposiciones. Por ejemplo, "la opresión" como una causa común se asomaba en muchos versículos. Pero por el apuro del tiempo había dependido casi por completo de las traducciones, y así muchos de los textos pertinentes se me habían escapado ("traductor es traidor" como dice el refrán y nunca con más razón que en este caso). La idea del Exodo como el paradigma fundamental de liberación para los pobres-oprimidos ni se me ocurrió, y por muchos años seguí enseñando sobre el tema sin darme cuenta de la enorme distorsión en la teología que este hueco me causaba. Un día en mi curso de teología bíblica en el Seminario Bíblico Latinoamericano, cuando trataba la multitud de leyes en el Pentateuco relacionadas con la pobreza, mis estudiantes me señalaron que Dios no había dado estas leyes a Faraón, ni aún a Moisés en Egipto, antes bien, se las había dado a Israel *después* de la gran liberación del Exodo.

Por más de 12 años he seguido estudiando y enseñando sobre el tema de los pobres en la teología bíblica con grupos universitarios y profesionales, con iglesias locales (en Costa Rica y en los Estados Unidos), en cursos en el Seminario, y últimamente en un par de conferencias continentales. Siento que apenas estoy empezando a descubrir la plenitud y riqueza de la Palabra de Dios sobre el tema, pero el interés en mis conclusiones ha sido tanto como para justificar un merecido "sabático" para el mimeógrafo (que siempre me está sacando una nueva edición del bosquejo) y poner algunas de las conclusiones en forma más permanente. Los capítulos de este libro representan solamente una pequeña parte de todo mi bosquejo, pero creo que es la parte más importante y de más originalidad.

Gracias a Dios en años recientes muchos teólogos han empezado a estudiar a fondo el tema y no son pocos los libros que han surgido como resultado de estos estudios, especialmente en castellano. Aun las obras de erudición bíblica de Europa y Norteamérica están empezando a incluir a los pobres en su agenda. Estos estudios están cambiando radicalmente la orientación de la iglesia (Medellín y Puebla son ejemplos en el campo evangélico). Por supuesto siguen saliendo obras basadas en prejuicios tradicionales, que dejan a los pobres muriendo en la puerta por falta de atención, como hizo el rico en la parábola de Lázaro (Lc. 16). Un diccionario de teología de tres tomos contiene un artículo de bastante peso sobre "pobres", ¡pero trata nuestra perspectiva latinoamericana sobre el asunto bajo el artículo sobre "Guerra"! Aunque no es el propósito original, en los capítulos que siguen uno encuentra cierta corrección de algunas caricaturas de las teologías latinoamericanas que siguen saliendo de los lugares más inesperados.

No es necesario leer los capítulos en el orden en que aparecen (mi esposa siempre se queja de mi tendencia de leer libros al revés). Si el lector comparte mi propio trasfondo político conservador, puede acercarse al libro como la cangreja de Mafalda. El capítulo V refleja lo que acontece cuando un profesor de seminario trata de escribir un folleto evangelístico (para la edificación y uso de mis colegas en la Asociación Ministerio al Mundo Estudiantil, Minamundo). Pensé que iba a ser una tarea de dos o tres días, pero una vez que me metí en la fascinante exégesis de Lucas 4:18-19 me tomó varios meses concluirlo. En el camino había escrito el cap. IV para explicar los problemas exegéticos encontrados en Lc. 4. Este capítulo representa una nueva interpretación de Is. 58 y da cierta base para la interpretación de Lc. 4:18-19.

Aunque no me siento del todo contento con el capítulo V como un verdadero "esfuerzo evangelístico" (ni tampoco mis colegas de Minamundo), me parece, no obstante, que su contenido muestra algo de la manera en que las nuevas perspectivas sobre los pobres en la teología bíblica deben de transformar nuestra práctica evangelizadora (me refiero especialmente al *contenido* del mensaje, y no meramente a los métodos que solemos usar). Espero que alguien que tenga más "don de evangelista" que yo tome las conclusiones exegéticas y las utilice en una forma más adecuada y popular. Muchos evangélicos hemos comentado (con indignación) el hecho de que hace algunos años cuando uno de los evangelistas más destacados celebró una campaña masiva del protestantismo latinoamericano en Nicaragua, el general Anastasio Somoza le pagó una parte de los gastos. Parece que algo anda muy mal con nuestra comprensión del evangelio cuando nos atrevemos a evangelizar bajo los auspicios de dictaduras sangrientas. Cuando Juan Bautista predicó las Buenas Nuevas del reino, Herodes lo encarceló. Cuando Jesús predicó las Buenas Nuevas a los pobres, le crucificaron. ¡Pero cuando nosotros predicamos el evangelio a nuestro modo hasta los peores dictadores y tiranos están dispuestos a compartir los gastos! ¿No debe ello hacernos reflexionar? ¿No estaremos cambiando o por lo menos emasculando el mensaje? Todo lo que decimos puede ser muy bueno y muy bíblico, ¿pero no será que en vez de "bajar los montes y elevar los valles" estamos enterrando la "piedra de tropiezo"?

Los capítulos I y II fueron preparados originalmente para una Consulta sobre pobreza y riqueza en la teología bíblica efectuada en Buenos Aires, en 1978, bajo los auspicios de la Fraternidad Teológica Latinoamericana. Representa tanto una amplificación como una profundización (¡espero!) de un factor (la opresión) que parece representar la causa básica para la pobreza en la teología bíblica. Es impresionante la completa ausencia aun de monografías sobre este tema tan fundamental en la teología bíblica. El lector poco dado a trabajar con los mecanismos de las ciencias bíblicas (hebreo, griego, etc.) quizás pueda leer las introducciones y conclusiones de estos capítulos y saltar a los capítulos siguientes; pero si se toma el tiempo para buscar todos los textos bíblicos sobre la opresión para marcar los posibles cambios indicados en las traducciones comunes tendrá toda una nueva perspectiva del mensaje bíblico (y entenderá por qué es que la erudición bíblica primermundista se siente tan amenazada por las teologías latinoamericanas, que nos tratan bajo el tema ¡"guerra"!).

El capítulo sobre Isaías 53 es una revisión de una ponencia preparada originalmente para un curso en el Seminario Bíblico Latinoamericano sobre la profecía mesiánica. Expresa la manera como las nuevas perspectivas teológicas nos ayudan a interpretar mejor el mensaje de las Sagradas Escrituras para un continente oprimido y dominado. Pone ciertas bases exegéticas y teológicas para el análisis del evangelio que se interpreta en el cap. V. Muestra además que el reconocimiento de nuevos elementos en la teología bíblica de ninguna manera nos lleva a negar los aspectos fundamentales de nuestra herencia protestante y evangélica, antes bien les dan su debida fuerza, la que tenía en su contexto original de la vida del pueblo de Israel y la iglesia primitiva.

Es mi oración que estas páginas sean estudiadas con la mente, el corazón y la Biblia abiertos. Sé que hay mucho que parecerá nuevo al lector que comparte mi trasfondo conservador. Pero si hacemos como los discípulos en Berea, escudriñar "las escrituras para ver si son ciertas estas cosas" (Hch. 17:11), tendremos que reclamar contra los tomos clásicos de teología y contra la erudición bíblica tradicional. En las palabras de la reina de Seba estaremos afirmando: "Ni me contaron la mitad". Particularmente nosotros que nos hemos llamado evangélicos no debemos (ni podemos) rechazar las nuevas perspectivas en la comprensión bíblica. Siempre hemos insistido y creído que "Dios tiene todavía mucha nueva luz que darnos en su Palabra". Si esto es lo que está pasando en nuestros días, debemos de ser los primeros en regocijarnos en esta nueva luz y buscar caminar en ella (1 Jn. 1:5-7). Puedo decir que después de enseñar la Biblia por 15 años en el contexto latinoamericano, he podido redescubrir su mensaje. He encontrado perspectivas que jamás se me habían ocurrido con mi preparación seminarista de los Estados Unidos. El Dios que "hace todas las cosas nuevas" está empezando con nuestra comprensión de su Palabra, para hacer de su pueblo un "pueblo preparado".

Tomás Hanks D.
San José, Costa Rica
Julio, 1979

Primera parte
Oprimidos y pobres en
la teología bíblica

1

Oprimidos y pobres
en el Antiguo Testamento

Introducción

Tal vez más que otros, Hugo Assmann ha subrayado la
importancia de la opresión, o dominación, como causa
principal de la pobreza en el Tercer Mundo y como punto
de partida en la teología de la liberación. Este tema de la
opresión se encuentra como *leitmotiv* en su obra, *Teología
desde la praxis de la liberación,* como lo demuestran estas
citas:[1]

> El surgimiento histórico del lenguaje de la "libe-
> ración" en la iglesia latinoamericana se conecta
> con la toma de conciencia de nuestra situación
> de países *dominados* (pp. 23-24).

> El mérito mayor de la "teología de la libera-
> ción" quizá esté en su insistencia en el punto de
> partida histórica de su reflexión: la situación de
> "América (Latina) *dominada*" (p. 24).

> Tomamos conciencia de aquello que somos
> históricamente: pueblos no simplemente subdes-
> sarrollados, en el sentido de "todavía no sufi-

cientemente desarrollados", sino "pueblos mantenidos en el subdesarrollo", pueblos *dominados*, lo que es muy diferente (p. 33).

La subjetivación de esa experiencia de pueblos *dominados* adquiere . . . el sentido de *eje de articulación* de lo que pasa a denominarse "teología de la liberación" (p. 37).

Hay casi unanimidad en los textos hasta ahora divulgados: el punto de partida contextual de una "teología de la liberación" es la situación histórica de dependencia y *dominación,* en que se encuentran los pueblos del tercer mundo (p. 39).

Además Assmann insiste en que la situación de opresión debe ser la base para cualquier teología actual:

Si la situación histórica de dependencia y dominación de dos tercios de la humanidad, con sus 30 millones anuales de muertos de hambre y desnutrición, no se convierte en el punto de partida de cualquier teología cristiana hoy, aun en los países ricos y dominadores, la teología no podrá situar y concretizar históricamente sus temas fundamentales. Sus preguntas no serán preguntas reales (p. 40).

Ante tales afirmaciones y tal teología naturalmente surgen dos preguntas: ¿Es esta teología latinoamericana, que arranca de la situación de opresión y dominación, algo radicalmente nuevo? y, ¿hay bases bíblicas para enfatizar tanto la situación de opresión?

Creo que cualquier lector de las grandes teologías clásicas (Agustín, Aquino, Lutero, Calvino, Barth, etc.) reconocerá que el tema de la opresión recibe poca o ninguna atención en las teologías tradicionales. Se supone, entonces, por ser estas teologías tan bibliocéntricas, que la Biblia no tiene nada o poco que decirnos sobre la opresión. Además es un tema ausente en las grandes enciclopedias de la Biblia.

Sin embargo, para gran sorpresa nuestra, cuando golpeamos la roca de una concordancia completa de la Biblia, ¡brota un caudal de textos y términos que tratan de *la opresión!* Esta resulta, como veremos, *una categoría básica de la teología bíblica.*

Si reflexionamos un poco sobre la situación vital de los autores bíblicos podemos entender por qué hablan tanto de la opresión. Los patriarcas caminaron en la tierra santa como extranjeros e inmigrantes (una de las clases sociales comúnmente oprimidas junto con las viudas y los huérfanos, como lo veremos luego). En la teología bíblica moderna es común reconocer que es el Exodo y no la creación, lo que constituye la doctrina principal del Antiguo Testamento (podemos compararlo con la cruz en el Nuevo Testamento), y fue precisamente en el Exodo donde un pueblo oprimido ganó su liberación. En la época de los jueces, Israel cayó repetidas veces bajo la opresión de poderes extranjeros, hasta que por fin optó por un gobierno monárquico. Sin embargo, incluso ya bajo Salomón, la nación comenzó a sentir el peso de la opresión interna (como les había advertido Samuel, 1 S. 8). En la época del reino dividido, tanto el norte como el sur sufrieron repetidas veces opresión bajo oligarquías nacionales, muchas veces en contubernio con los grandes imperios extranjeros (Asiria, Egipto, Babilonia y, después del exilio, Persia y Grecia). Y como es bien sabido, todo el Nuevo Testamento se escribió cuando Israel se hallaba dominado por el Imperio Romano. Es evidente, entonces, que en toda la historia del pueblo de Dios, hubo muy pocas épocas —y muy breves— en que la situación no se caracterizara por la dominación y la opresión, ya fuera interna o externa. No debemos sorprendernos, pues, que en la literatura que cuenta la vida y las luchas de este pueblo, reciban tanta atención la opresión y la pobreza resultante. Si las teologías y obras de erudición de la época postconstantineana no reflejan con fidelidad la centralidad de la opresión y la pobreza, es sólo otra prueba de que una iglesia cautiva es incapaz de entender el verdadero mensaje de las Escrituras. Sin dejar de advertir y criticar ciertos extremos, debemos estar profundamente agradecidos a las teologías latinoamericanas de la liberación por haber apuntado hacia una teología más fiel a la revelación divina.

1. Facetas de la opresión según el vocabulario hebreo

1.1. La injusticia de la opresión ('ashaq)[2]

Las palabras hebreas más importantes y básicas para expresar la experiencia de la opresión vienen del verbo *'ashaq* (40 veces) e incluyen el sustantivo *'osheq* (13 veces) además de otras 5 palabras de menor frecuencia (8 veces), lo que da un total de 61 usos en el Antiguo Testamento de palabras de esta familia. Etimológicamente *'ashaq* está relacionado con un verbo árabe que significa "aspereza", o "injusticia", y con frecuencia los contextos bíblicos donde ocurre *'ashaq* reflejan algo de injusticia y fuerza o violencia. Los léxicos están de acuerdo en dar como primer sentido de *'ashaq* "oprimir", y como segundo "tomar por extorsión".

Un versículo de Eclesiastés donde aparecen 3 veces palabras de la familia *'ashaq* ilustra bien su sentido:

Me volví y vi todas las *opresiones* [*'ashuqim*] que se hacen debajo del sol; y he aquí las lágrimas de los *oprimidos* [*'ashaq*], sin tener quien los consuele; y la fuerza estaba en la mano de sus *opresores* [*'ashaq*], y para ellos no había consolador (4:1).

Según la definición del diccionario de la *Real Academia Española* (1970) "oprimir" quiere decir "sujetar demasiadamente a alguno, vejándolo, afligiéndolo o tiranizándolo". Más concisa y con enfoque explícito en la injusticia es la definición que da Webster para la palabra inglesa *oppression:* "el ejercicio injusto o cruel de poder o autoridad". Eclesiastés enfoca bien el nexo común entre una mala distribución de poder y la opresión, el abuso del poder. Su lamento repetido ("no había *consolador"* [nhm] revela además la falta de justicia, que acaba de mencionar explícitamente en 3:16.[3]

La perspectiva pesimista de Eclesiastés puede parecer rotundamente contradicha por la afirmación del salmista, quien no limita su perspectiva a lo que podemos ver "debajo del sol":

> Yahweh [el Dios del Exodo] sigue logrando *justicia* [*tsedeqah*] y justos *juicios* [*mishpatim*] a favor de *todos* [!] los *oprimidos* [*'ashaq*]. Dio a conocer sus caminos a Moisés, sus obras a los hijos de Israel (103:6-7).

Aquí podemos ver explícitamente la relación entre opresión y justicia. Lejos de presentarnos a un Dios sustentador de un *statu quo* injusto, el salmista nos habla de un Dios que promueve sin cesar la revolución contra toda injusticia y opresión ("Quitando de los tronos a los poderosos, y exaltando a los humildes" en las palabras del *Magnificat,* Lc. 1:52). El Exodo, según el salmista, es el evento que nos revela de una vez por todas *cómo es Dios* ("sus caminos", 103:6). La acción de Yahveh en la historia humana no se limita a la esfera de Israel (o la Iglesia): "Su reino domina sobre todo" (v. 19). El salmista afirma explícitamente que los objetivos de la acción de Yahveh en la historia son *"todos* los oprimidos" —perspectiva que debe dejarnos pasmados, porque demanda una visión totalmente nueva de la historia humana. Las fronteras del reino de Dios no se identifican con las fronteras de la Iglesia (que pueden ser muy otras), sino con las de la justicia y la liberación en el mundo.

Rubem Alves lo expresó así:

El Exodo fue la experiencia generadora de con-

ciencia del pueblo de Israel. El se constituyó en
el centro estructurante que determina su manera
de organizar su tiempo y su espacio. Observación: nótese que no estoy diciendo simplemente
que el Exodo es parte del contenido de la conciencia del pueblo de Israel. Si así fuese, el Exodo sería una información entre otras. Más que
información, es su centro estructurante, pues determina la lógica integradora, el principio de or-
ganización e interpretación de los hechos de la
experiencia histórica. Por eso el Exodo no permanece como una experiencia pasada, ocurrida
en un espacio y tiempo bien definidos. Pasa a
ser el paradigma para la interpretación de todo el
espacio y de todo el tiempo.[4]

Es precisamente esto lo que el salmista quiere señalar-
nos: en el Exodo Dios revela a Moisés sus *caminos,* sus
acciones características, sea cual fuere el tiempo, el lugar,
o el pueblo involucrados (Amós 9:7). En una palabra, la
"política exterior" del reino de Dios no es "anticomunis-
ta", sino projusticia: justicia a favor de los oprimidos.

El Salmo 103 nos da pues, una perspectiva revolucionaria del papel divino en la historia humana. Por sí mismo,
sin embargo, no hace explícita la relación entre opresión y
pobreza. Para esto tenemos que citar otro salmo que es la
expresión clásica de las esperanzas mesiánicas del pueblo
de Israel:

Oh Dios, confía tu juicio al rey,
  tu justicia al hijo del rey,
para que gobierne a tu pueblo con justicia,
  tus *pobres* con equidad;
para que los montes traigan prosperidad al pueblo,
  y los collados justicia.
El defenderá los derechos de los *pobres* del
pueblo,

librará los hijos de los *necesitados,*
y aplastará al *opresor ('ashaq)* (72:1-4).

El librará al *pobre* que pide auxilio
al *indigente,* y al que no tiene protector;
Compasivo del *pobre* y del *indigente;*
librará la vida del *indigente;*
Rescatará su vida de la *opresión (tok),*
su sangre será preciosa a sus ojos (72:12-14).

La concurrencia de tres sinónimos para "pobre" [*'ani;
'ebyon; dal*], usados un total de ocho veces, en el mismo
contexto con dos términos para opresión, nos muestra
cuán íntimo es el vínculo entre opresión y pobreza en el
pensamiento hebreo — ¡y cuán básica es la liberación del
pobre de la opresión, en la misión del Mesías esperado!
Dios se identifica con los pobres y débiles (v. 2) y los llama
"su pueblo".

Es notable también la enseñanza del salmo en cuanto a
la violencia: el rey ideal esperado se opondrá a la "violencia institucionalizada", aplastando al opresor (v. 4) para
rescatar a los pobres y débiles (v. 14). En relación con esto,
debemos notar que la noción de "violencia institucionalizada" —lejos de ser una invención marxista— se encuentra
claramente denunciada en los profetas:

Escuchen jefes de Jacob:
Ustedes deberían conocer lo que es justo,
Ustedes que odian el bien y aman el mal.
Le arrancan la piel a mi pueblo,
Lo explotan y se lo comen;
Y cuando no hay más carne
Le quiebran los huesos,
Los despedazan y los echan a la olla (Mi. 3:1-3,
Biblia Latinoamericana).

Encontramos otro texto que muestra la relación entre
pobreza y opresión en Proverbios:

Quien *oprime* [*'ashaq*] al *pobre* [*dal*] insulta al

Dios que lo *creó;* Pero quien hace un favor al *indigente* [*'ebyon*] rinde culto a Dios (14:31).

Según este texto Dios se identifica tan plenamente con los pobres que un favor concedido a ellos puede considerarse un acto de adoración (de *kabed,* honrar, glorificar), doctrina que culmina en el relato novotestamentario de la encarnación (Lc. 1-2) y la enseñanza de Jesús sobre el juicio final (Mt. 25:40). En las luchas y tensiones entre pobres y ricos, Dios no se queda indiferente —se identifica plenamente, se compromete con la causa del pobre oprimido, e insiste en que sus seguidores hagan lo mismo. Es evidente, entonces, que en su contexto bíblico original, la doctrina de la creación no funciona como apoyo de ciertos "órdenes de creación" para mantener un *statu quo* injusto. Más bien la creación en la Biblia es una doctrina "democrática" y "revolucionaria", especialmente si se tiene en cuenta el contexto jerárquico y tiránico del Antiguo Oriente (cp. Job 31:14-15).

Otros textos que muestran explícitamente la relación entre opresión *('ashaq)* y pobreza incluyen: Sal. 146:7; Dt. 24:14; 28:29, 33; 1 S. 12:3-4; Pr. 28:3; Jer. 21:12; Ez. 22:29; Os. 12:7 [8 He.]; Am. 4:1; Mi. 2:2; Zac. 7:10; Mal. 3:5. El sustantivo *'osheq* indica la opresión como causa de la pobreza en Jer. 22:17; Ez. 22:7 (cp. v. 3) y Ec. 5:7. Cp. además otras palabras de esta familia que ocurren en Jer. 22:3; Ec. 4:1; Pr. 28:16.

1.2 La opresión esclavizante (yanah)[5]

Yanah viene de un verbo árabe que quiere decir "ser débil" y ocurre unas 18 veces en el Antiguo Testamento (19 veces si contamos Sal. 123:4 que es textualmente dudoso). Los léxicos dan como definición "oprimir" o "ser violento". El matiz de la violencia resulta evidente en varios usos de la palabra ("la espada opresora", Jer. 46:16; 50:16), a veces una violencia "institucionalizada" (Sof. 3:1; cp. vv. 3-4). Von Rad sugiere que la palabra quiere decir literalmente "reducir a esclavitud, esclavizar",[6] y este sentido cabe bien en casi todos los usos del verbo del Antiguo testamento. Casi siempre el verbo ocurre en un contexto que menciona a los pobres, inmigrantes, viudas, huérfanos, etc., como objetos de opresión, y débiles como éstos serían muy susceptibles de tal abuso. Los tres usos del verbo en contextos que hablan del Jubileo dan apoyo adicional a la definición de von Rad (Lv. 25:14-17); Ez. 46: 18; cp. v. 17).

Probablemente el uso más importante de *yanah* ocurre en la provisión revolucionaria de Dt. 23:

> No entregarás a su amo el esclavo que se haya acogido
> a ti huyendo de él. Se quedará contigo, entre los
> tuyos, en el lugar que escoja en una de tus ciudades,
> donde le parezca bien; no le *oprimirás* [*yanah*, en el
> sentido de "esclavizar"] (vv. 16-17).

La opresión a la cual se refiere el texto obviamente es la que hace volver a la esclavitud a quien se había escapado de ella, es decir, devolverle a su dueño original, o la que le impone la esclavitud en su nueva situación. Tal provisión fue verdaderamente revolucionaria en el Antiguo Oriente, puesto que la práctica común era devolver el esclavo al dueño original (el código de Hamurabi incluso imponía la pena de muerte a la persona que hubiera dado albergue al esclavo escapado). Piénsese también en la decisión "Dred Scott" (1857), en la cual la Corte Suprema de los Estados Unidos se negó a sostener los derechos de esclavos huidos. Los historiadores la ven como una de las causas de la Guerra Civil. La provisión deuteronómica ilumina también la política de Pablo con los esclavos escapados (Filemón). Al devolverle Onésimo a su amo el apóstol se conforma con las exigencias legales del Imperio Romano, pero no niega la necesidad de leyes más justas (como las de Deuteronomio) cuando fuera posible.

El profeta Ezequiel, inmigrante exiliado en Babilonia, utiliza *yanah* más que cualquier otro escritor bíblico y hace patente la relación entre opresión y pobreza. En su gran capítulo sobre la responsabilidad individual, el profeta insiste repetidas veces en que el hombre justo es generoso con los pobres y no los esclaviza *(yanah),* (18:7, 12, 16). Cuando Judá no se conformó con estas normas divinas, se produjo el exilio de la nación, porque

> Los terratenientes cometían *opresión* [*'ashaq*] y robos [N.B. cuando los ricos insisten en perpetuar estructuras sociales injustas, *aquello* es robo]; *esclavizaban* [*yanah*] al pobre y al indigente y *oprimían* [*'ashaq*] inicuamente al inmigrante (22:29; cp. vv. 30-31).

1.3 La opresión deshumanizante (nagas)[7]

Nagas, la tercera raíz hebrea que expresa la opresión, es importante teológicamente porque es la palabra más usada para describir la opresión de los israelitas en el Exodo, y por su uso en Isaías para explicitar la necesidad de la encarnación del Mesías (Is. 9:3, 5) y para concretizar la situación del Siervo Sufriente (Is. 53:7).

Nagas ocurre 23 veces en el Antiguo Testamento. Etimológicamente está relacionada con una palabra árabe ("levantar la caza, forzar bruscamente"), una palabra sudárabe ("imponer tributo"), y probablemente con una palabra ugarítica ("abrumar de trabajo"). Todas estas ideas se reflejan en los usos bíblicos de *nagas.*

Cuando Dios responde a Job desde el seno del torbellino, señala la libertad del asno salvaje, que se ríe del tumulto de las ciudades, no oye los gritos del *arriero* [*nagas*].

Dichos textos sugieren que cuando un pueblo sufre la opresión se le niega su dignidad humana y está reducido al nivel animal, dominado por los hombres en vez de disfrutar de la libertad que Dios quiso para ellos como portadores de su imagen (Gn. 1:27-28).

La etimología ugarítica [abrumar de trabajo] puede estar reflejada en el uso continuo de *nagas* en el Exodo (estrato yahvista) para describir a los capataces de Faraón que oprimían cruelmente a los israelitas (Ex. 3:7; 5:6, 10, 13, 14; cp. Job 3:18; Zac. 9:8). Tales textos subrayan el hecho de que el trabajo es una de las áreas donde más ocurre la opresión, como nos lo advierte también el Nuevo Testamento (Stg. 5:4-6).

La manipulación de estructuras económicas como medio de opresión se ve en muchos usos bíblicos de *nagas*. Según las leyes de Deuteronomio, cada siete años debía haber un año de liberación para todos los deudores. Cuando los ricos no liberaban a sus deudores de sus obligaciones en el año sabático, se hacían culpables de practicar la opresión (Dt. 15:2-3; "apremiar", BJ 3 veces; cp. Is. 58:3). Otras formas de opresión incluyen pesados tributos impuestos por las oligarquías nacionales o por los grandes imperios (2 R. 23:35; Is. 3:15; 9:3; 14:2, 4; 60:17; Zac. 10:4; Dn. 11:20). Entre estos textos, tiene importancia especial la referencia en Isaías 9:3 [4], 5[6] donde el profeta proclama la liberación del yugo asirio por medio del nacimiento del Mesías:

Porque el yugo que les pesaba
y la pinga de su hombro
—la vara de su *opresor* [*nagas*]
has roto, como el día de Madián . . .
Porque una criatura nos ha nacido,
un hijo se nos ha dado.
Estará el señorío sobre su hombro,
y se llamará su nombre
"Maravilla de Consejero"
"Dios Guerrero" [*El gibbor*]
"Padre Eterno"
"Príncipe de Paz".

¡Cuántos sermones navideños descontextualizados se han predicado sobre el v. 6, dejando completamente de lado las implicaciones revolucionarias de la mención de la opresión (v. 4) en relación con el vínculo ineludible ("porque", hebr. *ki,* vv. 4, 5, 6)! Según Isaías el *nacimiento* del Mesías [no su segunda venida] señala el fin de la opresión extranjera. Las profecías que Lucas incluyó *como parte de su evangelio* (1:32; 33, 52-55, 69-79) no prescindieron de esta dimensión política. Cuando la iglesia posterga toda liberación de opresión política para la segunda venida, contradice abiertamente no solo a los profetas del Antiguo Testamento sino también la proclamación de la Buena Nueva en el Nuevo Testamento, donde el fin de la opresión se vincula con el *nacimiento* del Mesías. Es decir, que el reino de Dios, que llegó con la presencia de Jesús, señala el fin de toda opresión. ["Audiant Principes et terreantur" (Calvino, *Institutos,* IV:xx.31).]

El uso de *nagas* en relación con el Siervo Sufriente (Is. 53:7) se analizará en la sección 2.

1.4 El dolor que sienten los oprimidos (lahats)[8]

Lahats es una palabra pintoresca que quiere decir literalmente "apretar", aunque también se define en los léxicos como "oprimir". La mejor ilustración de su sentido literal, sin duda, ocurre en el relato de Balaam, cuando su asno, al enfrentar al ángel del Señor que bloqueaba la estrecha senda "se arrimó a la pared y apretó [*lahats*] el pie de Balaam contra la pared" (Nm. 22:25).

Como *nagas, lahats* se usa para describir la opresión de Israel en Egipto. Yahveh declara a Moisés:

El clamor de los israelitas ha llegado hasta mí
y he visto además la opresión [*lahats,* sustantivo]
con que los egipcios los oprimen [*lahats,* verbo]
(Ex. 3:9).

En otras palabras, los israelitas no servían como pobres esclavos por ser una nación "subdesarrollada", sino porque los egipcios los oprimían —los apretaban por la fuerza. Al ser el imperio más grande de aquella época pudieron hacerlo fácilmente, pero Dios se puso del lado de los pobres. En respuesta a las oraciones de su pueblo (3:7), puso en marcha el proceso de liberación. De los 30 usos de *lahats* [verbo y sustantivo] en el Antiguo Testamento es impresionante notar cuántas veces se dice en el contexto que Dios libera a su pueblo de la opresión *en contestación a sus oraciones* (véase además de Ex. 3:9; Jue. 2:18; 4: 3; 10:12; 2 R. 13:4, 22; Dt. 26:7; Sal. 42:10, 43:2). Es decir, la teología bíblica de la opresión no es algo puramente humanista u "horizontalista"; la oración juega un papel decisivo en cualquier estrategia bíblica para poner fin a la opresión. Sin embargo cabe notar que estos textos parecen no distinguir entre la "oración" como algo conscientemente dirigido a Dios, y los "gritos espontáneos" de los que sufren, que Dios oye también. ¿Debemos ampliar nuestro concepto de la oración bíblica a la luz de estos versículos?

La amarga experiencia de la opresión egipcia llegó a formar parte permanente de la memoria y psicología israelitas —y se plasmó en una norma para su comportamiento en el mundo:

No *oprimas* [*lahats*] al forastero: ya sabéis lo
que es ser forastero, porque forasteros fuisteis
vosotros en la tierra de Egipto (Ex. 23:9).

Más tarde, cuando Dios hizo prosperar a Israel, se le prescribió que mantuviera un hondo sentido de solidaridad con los pobres oprimidos. Sin duda, esto es en parte lo que Jesús quiso decir cuando caracterizó a sus discípulos como "pobres en espíritu" (Mt. 5:3), que se afanan por la justicia (5:6) y muestran compasión (5:7).[9]

1.5 La brutalidad de la opresión (ratsats)[10]

Ratsats quiere decir literalmente "aplastar, machacar, triturar", y en sentido figurativo, "oprimir". El sentido literal se ve claramente en el libro de los Jueces cuando una mujer en una torre logró arrojar una muela de molienda a la cabeza de Abimelec y "le aplastó el cráneo" (9:53;

cp. Sal. 74:13b-14a). La palabra expresa fuertemente las consecuencias brutales de la opresión.

En el primero de los grandes "Cantos del Siervo" en Isaías el profeta utiliza esta palabra dos veces al describir la misión del Siervo:

He aquí a mi siervo a quien sostengo,
mi elegido, a quien prefiero.
He puesto mi Espíritu sobre él.
El enseñará justicia a las naciones.
No clamará, no gritará,
ni alzará en las calles su voz.
No romperá la caña *quebrada* [*ratsats*]
ni apagará la mecha que está por *apagarse.*
Lealmente hará justicia;
sin dejarse *apagar* ni *quebrar* [*ratsats*]
hasta implantar la justicia en la tierra,
y las islas esperan su instrucción (42:1-4).

No podemos exponer toda la riqueza de este texto,[11] que el Nuevo Testamento encuentra cumplido en la misión de Jesucristo, pero queremos apuntar ciertas características especialmente pertinentes para nuestro tema.

Primero, ¿a qué se refiere la caña quebrada y la mecha mortecina? Como indica Young, la caña parece referirse a hombres débiles de cualquier nacionalidad. El hecho de que estén quebrados [*ratsats*] indica que, además, sufren opresión. La mecha, por el paralelismo de la poesía hebrea, se refiere a los mismos oprimidos, cuya esperanza está por apagarse.[12] La interpretación de la caña y la mecha como metáforas para los oprimidos pobres de cualquier nación está sostenida (1) por el uso de la palabra *ratsats,* opresión; (2) por la triple referencia a la falta de justicia que el Siervo viene a corregir, vv. 1, 3, 4; y (3) por las referencias paralelas en Isaías, donde la obra justiciera del Mesías se dirige a los pobres y oprimidos, 11:3b-5; 58:6. A la luz de la explosión carismática en América Latina es importante notar que la *única* manifestación del bautismo del Espíritu que señala el texto no es la glosolalia, sino la justicia para los pobres y oprimidos de todas las naciones (vv. 1, 3, 4 cp. 11:2-5; 61:1-2).

Otro gran texto isaiánico que Jesús utilizó para definir su misión no ha recibido la atención que merece de los teólogos. Pocos han notado que cuando Jesús cita a Isaías 61:1-2 en la lectura bíblica en la sinagoga de Nazaret al iniciar su ministerio (Lc. 4:18-19), *intercala* en. 61:1-2 una frase de Isaías 58:6, donde el contexto dice:

¿No será más bien este otro el ayuno que yo quiero:

desatar los lazos de maldad,

deshacer las coyundas del yugo,

despedir en libertad a los *oprimidos* [*ratsats*, quebrantados],

y romper todo yugo?

¿No será compartir con el hambriento tu pan,

a los pobres sin hogar recibir en casa?

¿Qué cuando veas a un desnudo le cubras,

y de tu semejante no te apartes?

Ambos textos que Jesús citó se refieren al año de Jubileo, cuando los esclavos eran liberados y (en un programa radical de reforma agraria) todas las propiedades volvían a sus dueños originales (Lv. 25). La ley de Moisés quiso eliminar así las injusticias sociales y la opresión y evitar el desarrollo de extremos de riqueza y pobreza en Israel. En Lucas 4:18-19 Jesús culminó su cita de Isaías 61:1-2 con las palabras "el año aceptable del Señor", refiriéndose al año de Jubileo que tipificó la meta de su misión. Y para asegurarse de que nadie hiciera caso omiso de su intención, también violentó algo su lectura, insertando la frase clave libertadora de Isaías 58:6 en su lectura de 61:1-2. Isaías 58:6 llegó a ser pues, el texto que resumía su ministerio, del mismo modo en que el versículo siguiente (58:7) suministró los elementos de su último discurso, según San Mateo, en la parábola del juicio final y la separación de cabras y ovejas (Mt. 25:31-46). En este texto, tan decisivo para entender la misión de Jesús, nos limitaremos a señalar solamente las siguientes conclusiones:

Primero, cuando Jesús analiza la condición de los pobres, la describe como una situación de opresión. El pecado no se entiende en primer lugar en términos individualistas y pietistas (el sexo, el alcohol, las drogas), sino en los términos socioeconómicos de la opresión: el quebrantamiento cruel de personalidades y cuerpos humanos —lo que los ricos hacen a los pobres, los fuertes a los débiles.

Segundo, es fundamental en la misión de Jesús el tipo de cambio social, radical y revolucionario (tipificado por el año de Jubileo) que libera a los pobres oprimidos y les devuelve dignidad y tierra.[13] Además, la liberación que Jesús vino a lograr destruye claramente las estructuras sociales opresivas ("romper todo yugo") para que resulte imposible volver a la esclavitud (podemos comparar Jeremías 34, donde la oligarquía en Jerusalén libró a sus esclavos bajo la amenaza de la invasión babilónica, pero los esclavizó de nuevo cuando el asedio se levantó por un tiempo).

Por fin debemos notar que los actos de caridad personal, mencionados en el v. 7 (dar pan al hambriento, alojar a los pobres sin casa, cubrir al desnudo, ofrecer compañerismo al desolado) se deben hacer sobre la base y en un contexto de liberación decisiva —nunca como sustituto de los cambios sociales y estructurales esenciales.

También el profeta Amós destaca la relación entre opresión y pobreza, utilizando imágenes inolvidables:

Escuchen esta palabra, vacas de Basán,
Habitantes del cerro de Samaria
Que *oprimen* ['ashaq] a los débiles,
Que *aplastan* [ratsats] a los pobres
y que dicen a sus maridos:
"Traigan vino y bebamos" (4:1).

Una característica turbadora de este texto es que las

mujeres ricas y egoístas que el profeta compara a las gordas vacas de Basán evidentemente no se daban cuenta del sufrimiento que causaban. Si como parecería, eran típicas de otras semejantes, es probable que tuvieran poco contacto directo con los pobres, oprimidos por su estilo de vida. Comenta Ronald J. Sider:

> Posiblemente nunca se dieron cuenta de que su ropa espléndida y sus alegres y lujosas fiestas eran posibles solamente por el sudor y las lágrimas de los obreros campesinos. De hecho, es muy posible que mostraran caridad a los campesinos individuales con quienes se topaban (tal vez aún les preparaban "canastas navideñas" una vez al año).[14]

Sin embargo, Amós se afana en señalar que Dios las consideraba responsables de su propia ignorancia, su indiferencia y su estilo de vida. Concluye Sider:

> Si uno es miembro de una clase privilegiada que saca provecho de las injusticias estructurales, y si uno no hace nada para cambiar la situación, uno es culpable ante Dios. El mal social es tan repugnante a Dios como el mal personal: afecta a más gente y es más sutil.[15]

1.6 Las consecuencias fatales de la opresión (daka')[16]

Probablemente debemos considerar *daka'*, como la palabra hebrea más fuerte para designar la opresión. Literalmente, y según su etimología, *daka'* quiere decir "pulverizar", o "aplastar". Se encuentran ilustraciones del sentido literal en Job 4:18-19, *"pulverizada como a una polilla"* y Sal. 90:3, "Tú pulverizas al hombre, diciendo 'Vuelvan [al polvo], hijos de Adán'".

Con sus cinco palabras afines, *daka'* ocurre unas 31 veces en el Antiguo Testamento, poniendo de relieve las consecuencias fatales de la opresión. Cuando los hombres oprimen, pulverizan al cuerpo y aplastan al espíritu humano —el portador de la imagen divina se destruye como una polilla aplastada bajo un pesado tacón.

Con frecuencia los escritores bíblicos muestran el vínculo entre esta opresión pulverizadora y la pobreza. Aunque los vínculos literales se pierdan muchas veces en las traducciones comunes, *daka'* y sus palabras afines ocurren con frecuencia en los Salmos 9-10 (considerados como un solo salmo en la Septuaginta, la Vulgata y las traducciones que las siguen). Yahveh se llama "un refugio para los *oprimidos* [*dak*] en 9:9, quienes se describen como *pobres* [*'ani*] en 9:13, *necesitados* [*'ebyon*] y *pobres* [*'aniwim*] en 9:19. El Salmo 10 menciona a los *pobres* [*'ani*] en los versos 2, 9 (2 veces) y 12 (cp. vv. 19 y 17), y como ejemplo de esta clase, al huérfano, en los versos 14 y 18. Estos pobres se llaman "oprimidos" en vv. 10 y 18 [*daka'* y *dak* respectivamente]. *Tok,* otra palabra para opresión, se usa en 10:7. El estudio de los Salmos 9-10, por lo tanto, hace patente que los pobres y los oprimidos se consideran como un grupo o clase. En otras palabras los pobres llegan a ser pobres y se mantienen como pobres básicamente por una opresión pulverizadora.

1.7 La humillación que sienten los oprimidos (*'anah*)[1][7]

Más que cualquier otra palabra, *'anah* expresa algo de las profundas dimensiones sicológicas de la experiencia de la opresión. De los 85 casos en que aparece en el Antiguo Testamento se usa mayormente en la raíz piel (intensiva). Para esta raíz los léxicos sugieren definiciones como "oprimir", "hacer que alguien sienta su dependencia", y "humillar". También puede significar "humillarse (en ayuno)" y "violar". Etimológicamente está relacionada con una palabra árabe que quiere decir "estar abajo, sumiso".

De hecho *'anah* es la primera palabra que encontra-

mos en la Biblia que expresa opresión. En el relato
(JE) del pacto con Abraham, Yahveh dice al patriarca:

Has de saber que tus descendientes serán inmigrantes en tierra extraña. Los esclavizarán y
los *oprimirán ('anah)* durante cuatrocientos años
(Gn. 15:13).

Según este texto la experiencia del pueblo escogido,
como la de José, prefigura la humillación y exaltación de
Cristo. El orden es muy típico: primero forasteros sin tierra (una situación vulnerable); luego esclavizados; y finalmente oprimidos, humillados, doblados como animales de
carga.[18]

'Anah también se usa como primera palabra en el libro
del Exodo para describir la opresión del pueblo de Dios:

Así los egipcios les impusieron capataces para
oprimirlos [*'anah*] bajo el peso de duros traba-
jos . . .

Pero cuanto más les *oprimían* [*'anah*], tanto más
crecían y se multiplicaban . . . (1:11-12).

Otro uso importante en la teología bíblica de la opresión ocurre en la antigua colección de leyes que conocemos
como el Libro del Pacto (Ex. 20:22-23:33):

No *maltratarás* [*yanah*] al inmigrante,
ni le *oprimirás* [*lahats*], pues forasteros fuisteis vosotros en el país de Egipto.

No *vejarás* [*'anah*] a viuda ni a huérfano.

Si le *vejas* [*'anah*] y clama a mí,
no dejaré de oír su clamor,
se encenderá mi ira y os mataré a espada;
vuestras mujeres quedarán viudas y vuestros hijos huérfanos (22:21-24).

Es notable que haya tres palabras para opresión en este
breve texto: *yanah*, *lahats* y *'anah*, con *'anah* utilizada dos
veces. La relación entre opresión y pobreza resulta evidente por la selección de las tres clases comunes de pobres y

débiles: el inmigrante, la viuda y el huérfano. Es impor- tante notar que en todo el Libro del Pacto, solo en este contexto amenaza Dios manifestar su ira como castigo de los culpables. Para otros crímenes se pide la pena de muer- te, pero solo en el caso de la opresión de los pobres decla- ra Dios que la pena de muerte es además una manifestación de su ira (podemos comparar la enseñanza de Jesús sobre el infierno en su parábola del juicio final, Mt. 25:31-46). De hecho la prohibición contra la opresión de los pobres en el Libro del Pacto es la primera instancia en las Escrituras donde se dice en forma explícita que Dios se enoja.

El vínculo entre opresión y pobreza también es evidente en el Salmo 94:

A tu pueblo, Yahveh, *aplastan* [*daka'*],
a tu heredad *humillan* [*'anah*]:
Matan al inmigrante y a la viuda,
asesinan al huérfano (v. 5-6).

Las dos palabras para opresión se usan en este texto en forma paralela, representando las dimensiones físicas y si- cológicas de la experiencia. Como en otros textos, los po- bres se representan de modo concreto en las tres clases in- defensas en la sociedad antigua: el inmigrante, la viuda y el huérfano.

Antes de volver a un texto crucial, que señala el víncu- lo entre opresión y pobreza en la teología bíblica, debemos notar otro dato lingüístico de importancia para nuestro estudio. Según los léxicos, dos de las palabras comunes para "pobre" en el Antiguo Testamento vienen del verbo *'anah:* a saber *'anaw* ("pobre, humilde, manso") y *'ani* ("oprimido, pobre, humilde").[19] Pero no sólo la etimolo- gía sino también el uso de estas palabras, apoyan la rela- ción íntima entre opresión y pobreza en hebreo.

Citamos como ejemplo final Dt. 26:5-10 que, gracias a Gerhard von Rad, se reconoce en los estudios modernos como una especie de "Credo Apostólico" en el Antiguo Testamento. Todos los años en la fiesta de las primicias (parecida al Día de Acción de Gracias en los Estados Unidos) los israelitas confiesan:

Mi padre era un arameo errante [a punto de perecer, RVR]
que bajó a Egipto y residió allí como inmigrante
siendo pocos aún,
pero se hizo una nación grande, fuerte y numerosa.

Los egipcios nos maltrataron, nos *oprimieron* [*'anah*]
y nos impusieron servidumbre.

Nosotros clamamos a Yahveh, Dios de nuestros padres,
y Yahveh escuchó nuestra voz; vio nuestra *pobreza* [*'ani*], nuestras penalidades y nuestra *opresión* [*lahats*],
y Yahveh nos sacó de Egipto con mano fuerte y tenso brazo en medio de gran terror, señales y prodigios.

Nos trajo aquí y nos dio esta tierra,
tierra que mana leche y miel.

Y ahora yo traigo las primicias de los productos del suelo
que tú, Yahveh, me has dado (Dt. 26:5-9).

Este credo resume el lugar fundamental que ocupa la opresión en la teología del Antiguo Testamento. Más tarde, cuando la nación se enriqueció (Dt. 8:17-18), Dios jamás le dejó perder el sentido de solidaridad que Yahveh había logrado por amor de ellos. El Antiguo Testamento señala una gran cantidad de posibles causas para la pobreza en casos individuales. Sin embargo, la única causa proclamada en fórmula oficial todos los años por todos los creyentes "ortodoxos" era la opresión. Se consideraba básica para la conciencia de quien pertenecía al Pueblo de Dios. Era una de las "doctrinas fundamentales". No cabía pensar que su pobreza fuera resultado de alguna inferioridad mental, racial o de "subdesarrollo".

1.8 La tiranía del opresor (tok)[20]

Tok es una palabra rara para opresión, que ocurre solamente cuatro veces en el Antiguo Testamento y siempre en pasajes poéticos: Sal. 10:7; 55:12; 72:14; Pr. 29:13. Etimológicamente *tok* está relacionada con un verbo árabe que quiere decir "pisar", y se define en los léxicos como "opresión", o en el caso del plural con *ish* (hombre) en Proverbios 29:13, como "tirano".

Aunque es una palabra rara, *tok* nos proporciona más evidencia lingüística respecto al vínculo entre opresión y pobreza en el Antiguo Testamento. En dos de sus cuatro usos, se mencionan los pobres en el contexto inmediato (Sal. 72:14; Pr. 29:13) y en un tercer caso en el contexto general (Sal. 10:7; cp. nuestra discusión del salmo bajo *daka'*). De más importancia teológica es el texto de Proverbios:

Un pobre y su *opresor (tok)* existen lado a lado;
Yahveh ilumina los ojos de ambos (29:13).[21]

El paralelismo nos hace recordar el realismo bíblico en cuanto a la existencia de las clases sociales y las tensiones entre ellas: los pobres son los oprimidos y el reino divino soberano provee el contexto en el cual las injusticias humanas, la opresión, y el pecado sólo pueden jugar un papel limitado. Pero contra cualquier tendencia de tiranos y opresores a deificarse, las Escrituras erigen un dique de advertencias solemnes: los opresores y los pobres tienen un origen común (22:2), comparten bendiciones comunes (29:13), y van hacia una meta final común (Job 3:19).[22] Cualquier idea de superioridad social o racial queda eliminada por esta perspectiva. Tales textos parecen tener el propósito de humillar al opresor, y animar al pobre con el recuerdo de su dignidad esencial como portador de la imagen divina. Por su fuerte testimonio del justo orden divino, tales textos contribuyen a preparar el terreno para los eventos decisivos como los del Exodo.

1.9 La opresión judicial ('*otser* y '*etser*)[2][3]

'*Otser* ocurre tres veces en el Antiguo Testamento (Is. 53:8; Sal. 107:39; Pr. 30:16) y '*etser* solamente una vez (Jue. 18:7). Köhler da como definición en ambos casos "opresión".[2][3] Los contextos en Isaías y Salmos sugieren un matiz de opresión judicial que sufren los pobres. Is. 53: 8 está citado en Hechos 8:33, siguiendo la LXX que usa "humillación".

1.10 La hostilidad del opresor (*tsarar, tsar*)[2][4]

El sentido de estas palabras es más amplio que el de la mayoría de los términos anteriores, pero deben incluirse entre las raíces básicas. Puesto que muchos usos tienen otros sentidos, vamos a notar solamente los textos más pertinentes para la opresión.[2][5]

El verbo II *tsarar* ocurre 26 veces en el Antiguo Testamento y quiere decir básicamente "ser enemigo". II*tsar*, el sustantivo derivado, ocurre 70 veces, y Köhler y Holladay dan como primera definición "opresor" [Köehler: *bedränger*, alemán, no traducido al inglés]. La evidencia para el sentido de "opresor" es bastante clara. Por ejemplo en los Salmos el *tsar* a veces es Egipto en la época del Exodo (78:42; 105:24; 106:11), o Babilonia del Exilio (74:10; 107:2; 136:24) o los filisteos (78:61, 66). Además, se encuentran otras palabras para opresión en varios contextos (44:6, 7, 11; cp. 20, 25; 74:10; cp. 8, 21; 119:139 (cp. 121s, 134) y también referencias a los pobres (44:6, 7, 11; cp. 25; 119:139, 157; cp. v. 53).

En el caso del verbo II*tsarar*, aunque los léxicos no dan "oprimir" como definición, las traducciones reconocen este matiz de la palabra (Nm. 10:9; Am. 5:12; Sal. 69:20; 143:12 BJ[3]). La relación con la pobreza es evidente en Am. 5:12 y 69:20 (cp. 30,34). De hecho la evidencia parece ser más fuerte en favor de la traducción del verbo como "oprimir" que en favor del sustantivo como "opresión" *(pace* Köehler y Holladay).

Itsarar ocurre 46 veces en el Antiguo Testamento. Tiene sentido transitivo ("atar, ligar") e intransitivo ("ser estrecho, estar en necesidad"). Holladay da como cuarta definición del Qal intransitivo "ser oprimido" y de Hifil "oprimir". El vínculo con la pobreza es explícito en Isaías 25:4, y está relacionado con otros términos usados para opresión en Jue. 10:9 (cp. 2:15); Sal. 31:10; 106:44; Neh. 9:27.

Itsar, el sustantivo derivado, ocurre 16 veces en el Antiguo Testamento. En cuatro textos el sentido es literalmente, "estrecho". En los demás usos el matiz de necesidad, pobreza u opresión es común (Is. 5:31; cp. 8:20-9:5; 30:20; 63:9; Sal. 4:2; 32:7; 119:143; Job 15:24; Pr. 24:10).

1.11 Además de las 10 raíces básicas para opresión, en el Antiguo Testamento existen por lo menos cuatro adicionales de menos importancia.[26] En tres contextos hay relación con la pobreza, y una palabra *(shod)* indica relación con la violencia institucionalizada (Sal. 12:6).

2. Isaías 53, un texto clave.

De todos los textos del Antiguo Testamento queremos examinar sobre todo el canto del Siervo Sufriente (bien podríamos llamarlo el Siervo Oprimido) de Isaías 53, no solo por su importancia como culminación de la teología del Antiguo Testamento,[27] sino también porque el capítulo sirve de enlace entre los testamentos y de centro neurálgico de la teología bíblica. Cualquier tema básico en Is. 53 (tan citado en el Nuevo Testamento y tan fundamental para su teología)[28] nunca se podría considerar como ajeno al pensamiento de Jesús y sus apóstoles. Con razón el capítulo sirve como campo fértil para todos los que quieren recalcar la dimensión de la *sustitución* penal.[29] Pero entre las muchas teologías tradicionales de la cruz, que se centran en las dimensiones trinitarias y otros aspectos profundos,[30] lo que no ha recibido la atención debida es el énfasis que pone Isaías 53 en la plena *identificación* del Siervo con los *oprimidos*. Para no caer en barbaridades morales al afirmar la sustitución penal, es esencial notar el contexto en el cual ocurre, es decir la plena identificación del sustituto con los oprimidos.[31] Seis veces habla el capítulo (utilizando cuatro raíces hebreas distintas) de la opresión del Siervo en distintas dimensiones:

¡Y con todo eran nuestras dolencias las que él
llevaba y nuestros dolores los que soportaba!
Nosotros le tuvimos por azotado,
herido de Dios y *opresivamente humillado*
[*'anah, pual*].
El ha sido herido por nuestras rebeldías,
oprimido [*daka'*, pulverizado] por nuestras culpas.
El soportó el castigo que nos trae la paz,
y con sus cardenales, hemos sido curados.

Todos nosotros como ovejas erramos,
cada uno marchó por su camino,
y Yaveh descargó sobre él
la culpa de todos nosotros.
Fue *deshumanizado por la opresión* [*nagas*] y
opresivamente humillado [*'anah, nifal*] pero no
abrió la boca.
Como un cordero al degüello era llevado,
y como oveja que ante los que la trasquilan
está muda, tampoco él abrió la boca.

Tras *opresión judicial* [*'otser*] y juicio fue arrebatado,
y de sus contemporáneos, ¿quién se preocupa?

Fue arrancado de la tierra de los vivos;
por las rebeldías de su pueblo ha sido herido;
Mas plugo a Yahveh
oprimirle [*daka', pulverizar*] con dolencias
(53:4-6, 7, 10; cp. BJ[3]).

Es evidente, entonces, que el profeta hace hincapié en el hecho de que el Siervo sufrió la opresión en todas sus dimensiones: humillación sicológica (*'anah,* vv. 4, 7), tortura física (*daka',* "molido", "quebrantarle", vv. 5, 10, BJ[3]), deshumanización (*nagas,* v. 7), e injusticia judicial (*'otser,* v. 8). En la porción fundamental de Is. 53 (vv. 4-10) la opresión resalta como tema dominante, pero los comentarios y teólogos hacen caso omiso de ellas.

El Nuevo Testamento habla del evangelio de Jesucristo como un mensaje centrado en la cruz.[32] Is. 53 nos hace reconocer que el Siervo Sufriente es un siervo oprimido, plenamente solidario con los pobres oprimidos. ¿Cómo, pues, podemos proclamar el evangelio bíblicamente sin reconocer la realidad de la opresión como característica básica de la vida humana? La iglesia siempre habla mucho de Jesús como de quien nos salva del pecado. Lo que no ha expuesto bien es que el pecado en la Biblia, además de ser individual, se expresa estructuralmente como opresión. Isaías nos hace entender que la salvación del pecado abarca la liberación de la opresión (cp. 58; cp. Lc. 4:18), porque el Siervo se identificó con los pobres oprimidos (53:4-10). Y Jesús tomó estos textos como clave para interpretar su vida, su muerte, y la vocación de sus discípulos.[33]

3. Conclusiones:

En nuestro estudio del campo semántico hebreo para "opresión" se imponen ciertas conclusiones:

3.1 La opresión es una de las categorías básicas de la teología bíblica como lo demuestra el gran número de raíces hebreas (10 básicas, 14 en total), la frecuencia con la cual ocurren (más de 300 veces), el carácter fundamental de muchos de los textos que hablan de la opresión (Salmo 103; 146; Is. 9, 42, 53, 58, etc.), y la prominencia de la opresión en el credo israelita (Dt. 26:5-9).

3.2 En marcado contraste con la prominencia de la opresión en la teología bíblica está *la virtual ausencia del tema en las teologías clásicas,* tanto católicas (Agustín, Aquino) como protestantes (Lutero, Calvino, Barth). Sean ortodoxas o liberales, tales teologías resultan muy deficientes, si no heréticas, en este asunto.

3.3 El pensamiento bíblico no tiende a ser explícitamente analítico y reflexivo en cuanto a la causalidad; sin embargo, una lectura cuidadosa de los textos nos da elementos suficientes para concluir que en la teología bíblica *la opresión se ve* como *la causa básica* de la pobreza (véanse los 122 textos cursivos en las notas).

3.4 Nuestra investigación del campo semántico hebreo, para la opresión, revela que *las traducciones comunes a menudo oscurecen la radicalidad del análisis bíblico,* dando muchas veces preferencia a términos suaves y ambiguos, en vez de dar a las palabras hebreas su debida fuerza y matiz.

3.5 La opresión juega un papel dominante tanto en el análisis económico marxista como en las teologías latinoamericanas de liberación. Pero *ni los pensadores marxistas ni los teólogos de liberación parecen haber reconocido las raíces bíblicas de su análisis* que utiliza a la opresión como la causa básica de la pobreza.

3.6 Ni las teologías tradicionales ni los teólogos de la liberación han tomado en cuenta cuán fundamental es la opresión (cuatro términos usados un total de seis veces) para interpretar en forma adecuada la figura del Siervo Sufriente de Isaías 53, que el Nuevo Testamento ve cumplida en Jesucristo.

3.7 Finalmente, queremos proponer que el reconocimiento de la opresión como la causa básica de la pobreza

implica *la necesidad de una estrategia cristiana* apropiada:
una *que tome en cuenta el papel fundamental de la revolución, la liberación, y los cambios socioestructurales radicales (véase el Exodo).* Las teologías latinoamericanas de liberación —sean cuales fueren sus deficiencias— contienen
perspectivas esenciales abundantes para una proclamación
fielmente bíblica del evangelio de Jesucristo y un discipulado auténtico para América Latina.

NOTAS

1. Salamanca: Ediciones Sígueme, 1973. El énfasis en las palabras *dominado* y *dominación* es nuestro. En la traducción
inglesa, *Theology for a Nomad Church* (Maryknoll, New
York: Orbis Books, 1976) leemos "oppressed" y "opres-
sion" en algunas de estas citas (pp. 37, 38; 43, 48s.; cp. pp.
52, 55). Cp. *Opresión-Liberación: Desafío a los cristianos*
(Montevideo: Tierra Nueva, 1971), esp. pp. 50-54; *Pueblo
Oprimido, Señor de la historia* (Montevideo: Tierra Nueva,
1972).

2. *'ashaq.* Ludwig Köeler y Walter Baumgarner, *Lexicon in Ve-
teris Testamenti Libros* (Leiden: E.J. Brill, 1958²) p. 744.
De aquí en adelante KB². Francis Brown, S.R. Driver, y
Charles A. Briggs, *A Hebrew and English Lexicon of the
Old Testament* (Oxford: Clarendon Press, 1907), p. 798s.
De aquí en adelante *BDB.* William L. Holladay, editor, *A
Concise Hebrew and Aramaic Lexicon of the Old Testament* (Grand Rapids: William B. Eerdmans Publishing Company, 1971), p. 286. De aquí en adelante, *Hol.*
   'ashaq (verbo): Lv. 5:21, 23; 19:13; *Dt. 24:14; 28:29, 33;*
1 S. 12:3, 4; 1 Cr. 16:21; Job 10:3; [35:9 cj.] *Sal. 72:4; 103:
6;* 105:14; (//1 Cr. 16:21; 119:121; 122; *146:7; Pr. 14:31;
22:16; 28:3; 28:17;* Ec. 4:1 (2 veces); *Os. 5:11; 12:8; Am.
4:1; Mi. 2:2; Zac. 7:10; Mal. 3:5.* Total 40 veces.
   'osheq (sustantivo): Lv. 5:23; Is. 30:12; 54:14; 59:13;
Jer. 6:6; 22:17; Ez. 22:7; 12; Sal. 62:9; 73:8; 119:134;
Ec. 5:7; 7:7. Total 13 veces.

'oshqah: Is. 38:14; *'ashoq: Jer. 22:3; 'ashuqim:* Job 35:9; *Ec. 4:1;* Am. 3:9; *'esheq:* 1 Cr. 8:39; *ma'ashaqoth:* Is. 33:15; *Pr. 28:16.* Total 8 veces.
Total *61 veces* (30 veces con pobres [textos itálicos]).

3. Expresiones como éstas hacen difícil creer que Salomón fuera el autor del libro, puesto que la responsabilidad principal del rey en Israel era defender los derechos de los oprimidos, como veremos luego (Sal. 72, etc.). Véase E.J. Young, *Introducción al Antiguo Testamento* (Grand Rapids: T.E.L.L., 1977 [1949, inglés]), pp. 402-405.

4. R. Alves, "El pueblo de Dios y la liberación del hombre", *Fichas de ISAL 3*(1970), 9s., citado en Hugo Assmann, *Teología desde la praxis*, p. 54. Véase también Ambrosias F. Lenssen, *La salida de Egipto en la Biblia* (Estella [Navarra] España: Editorial Verbo Divino, 1971).

5. *yanah. KB²*, p. 385; *BDB*, p. 413; *Hol.*, p. 136. *Ex. 22:20; Lev. 19:33; 25:14, 17; Is. 49:26; Jer. 22:3; 25:38; 46:16; 50:16; Ez. 18:7, 12, 16; 22:7, 29; 45:8; 46:18;* Sof. 3:1; Sal. 74:8; [123:4 cj.]. Total 18 veces (14 veces con pobres).

6. Gerhard von Rad, *Deuteronomy: A Commentary* (Philadelphia: The Westminster Press, 1966), p. 147.

7. *nagas. KB²*, p. 594; *BDB*, p. 620; *Hol.*, p. 227. *Ex. 3:7; 5:6, 10, 13, 14; Dt. 15:2, 3; 1 S. 13:6; 14:24; 2 R. 23: 35; Is. 3:5, 12; 9:3;* 14:2; 4; *53:7; 58:3; 60:17; Zac. 9:8; 10:4; Dn. 11:20; Job 3:18;* 39:7. Total 23 veces (19 veces con pobres).

8. *lahats* (verbo). *KB²*, p. 479s.; *BDB*, p. 537s.; *Hol. p. 176. Ex. 3:9; 22:20; 23:9;* Nm. 22:25; *Jue. 2:18; 4:3; 6:9; 10:12; 1 S. 10:18; 2 R. 6:32; 13:4; 22;* Is. 19:29; Jer. 30:30; *Am. 6:14;* Sal. 56:2; 106:42. *Total 17 veces.*
   (sustantivo). *Ex. 3:9;* Dt. 26:7; 2 R. 13:4; Sal. 42:10; 43:2; 44:25; Job 36:15. Total 7 veces. *Total 24 veces* (12 veces con pobres).

9. Sobre el vínculo estrecho entre compasión y justicia en la teología bíblica, véase J. Verkuyl, "The calling of North

Atlantic churches and Christians in relation to the issues of domination and dependence" en *To Break the Chains of Oppressions*, Julio de Santa Ana, ed. (Geneva: World Council of Churches, 1975), p. 93.

10. *ratsats. KB²*, p. 908; *BBD*, p. 954; *Hol.*, p. 346; Gn. 25:22; *Dt. 28:33; Jue.* 9:53; *10:8;* 1 S. 12:3, 4; 2 R. 18:21; 23:12; 2 Cr. 16:10; *Is.* 36:6; *42:3, 4; 58:6; Os. 5:11; Am. 4:1;* Ez. 29:7; *Job 20:19;* Sal. 74:14; Ec. 12:6. *Total 20 veces* (10 veces con pobres).

11. Edward J. Young, *The Book of Isaiah* (Grand Rapids: William B. Eerdmans Publishing Company, 1972), III, 108-116. Claus Westermann, *Isaiah 40-66* (Philadelphia: The Westminster Press, 1969), pp. 92-97.

12. Young, *Isaiah*, p. 114.

13. Para más detalles sobre Is. 58, véase Cap. III y IV. También John Howard Yoder, *The Politics of Jesus* (Grand Rapids: Wm. B. Eerdmans, 1972), pp. 64-77.

14. Ronald J. Sider, *Rich Christians in an Age of Hunger* (Downers Grove, Ill.: Intervarsity Press, 1977), p. 137.

15. *Ibid.*, p. 137.

16. *daka'. KB²* p. 209; *BDB*, p. 193s.; *Hol.*, p. 70. Job 4:19; 5:4; 6:9; 19:2; 22:9; 34:25; *Sal. 72:4;* 89:11; *94:5;* 143:3; *Pr. 22:22;* Lm. 3:34; *Is. 3:15; 19:10; 53:5; 10;* 57:15; Jer. 44:10. Total 18 veces.
    daka': Sal. 34:19; 90:3; Is. 57:15. Total 3 veces.
    dakah: Sal. 10:10; 38:9; 44:20; 51:10, 19. Total 5 veces.
    dakah: Dt. 23:2. Total 1 vez.
    daki: Sal. 93:3. Total 1 vez.
    dak: Sal. 9:10; 10:18; 74:21 [cj. Sal. 10:12; Pr. 26:28]. Total 3 veces. *Total 31 veces* (8 veces con pobres).

17. *'anah. KB²*, p. 719; *BDB*, p. 776; *Hol., p. 277s.*
    Qal: Is. 31:4; Zac. 10:2; Sal. 116:10; 119:67.
    Nifal: *Is. 53:7;* Job 22:23; Ex. 10:3; *Is. 58:10;* Sal. 119:107; [Jue. 16:19].

Piel: *Gn. 15:3;* 16:6; 31:50; 34:2; *Ex. 1:11, 12; 22:21; 22;* Lv. 16:29; 31; 23:27, 32; Nm. 24:24; 29:7; 30:14; Dt. 8: 2, 3, 16; 21:14; 22:24, 29; 26:6; Jue. 16:5, 6, 19; 19:24; 20: 5; 2 S. 7:10; 13:12, 14, 22, 32; 1 R. 11:39; 2 R. 17:20; *Is. 58:3, 5;* 60:14; 64:11; Ez. 22:10, 11; *Nah. 1:12* (2 veces); *Sof. 3:19; Sal.* 35:13; Lm. 3:33; 5:11.

Pual: Is. 53:4; Sal. 119:71; 132:1; Lv. 23:29.

Hifil: 1 R. 8:35; 2 Cr. 6:26; Sal. 55:20.

Hitpael: Gn. 16:9; 1 R. 2:26; Dn. 10:12; Esd. 8:21; Sal. 107:17. *Total 85 veces* (14 veces con pobres).

18. H.C. Leopold señala que el hacer de toda la estada en Egipto una opresión continua es "completamente contrario a los hechos". *Exposition of Genesis* (Columbus, Ohio: The Wartburg Press, 1942), p. 484. La mayoría de los comentarios ni reconocen el problema, mucho menos lo resuelven. Pero en hebreo la frase "400 años" está separada de las palabras anteriores por un acento que usualmente indica la división mayor del versículo. Por eso, las palabras "400 años" pueden ser una adición posterior que quiere describir todo el tiempo en Egipto y no solamente la época de la opresión. Esto podría explicar el lugar del acento casi al final del versículo.

19. *KB²*, p. 720.

20. *tok. KB²*, p. 1028, *BDB*, p. 1067; *Hol.*, p. 390.
    Sal. 10:7; 55:12; *72:14;* [cj. 90:11]; *Pr. 29:13;* [cj. Jer. 9: 5]. Total 4 veces (3 veces con pobres).

21. Cp. William McKane, *Proverbs* (Philadelphia: The Westminster Press, 1970), p. 257.

22. Derek Kidner, *Proverbios* (Buenos Aires: Ediciones Certeza, 1975), p. 198.

23. *'otser, 'etser. KB²*, p. 729. Jue. 18:7; *Is. 53:8; Sal. 107:39;* Pr. 30:16. *Total 4 veces* (2 veces con pobres).

24. *KB²*, p. 815, 818; *Hol.*, 310s.; *BDB*, p. 864s. *Sal. 44:6, 8, 11;* cp. 25; *119:139, 157;* cp. v. 53 (IItsar); *Am. 5:12; Sal. 69:20* (IItsarar); *Is. 25:4* (Itsarar). Total 8 veces con pobres.

25. Reconocemos que, al examinar los usos de estas palabras, debemos evitar el peligro de dejar crecer el "sentido" de una palabra como una bola de nieve que va acumulando nuevos sentidos de cada uso. Esto es confundir el *sentido* con las cosas a que se puede referir. James Barr da como ejemplo la palabra hebrea *maqom* ("lugar") que a veces *se refiere* a una tumba. Concluye que no debemos concluir de este hecho que la palabra *significa* tumba. *Comparative Philology and the Text of the Old Testament* (Oxford: Clarendon Press, 1968), p. 292.

26. *dahaq* ocurre en Jue. 2:18 vinculada con *lahats* (verbo) donde Holladay la traduce "oprimir"; *KB²*, 207; *Hol.*, 70. Jl. 2:8; *Jue. 2:18* (ptc.); cj. Mi. 7:11; Sof. 2:2.

    'awwatah ocurre solamente en Lm. 3:59 donde Köehler y Holladay la definen como "opresión"; *KB²*, 692; *Hol.*, *269.*

    shod se define en los léxicos como "violencia" y "destrucción", pero en *Salmo 12:6,* donde está vinculada con el pobre, es común traducirla "opresión" (BJ3; NBE); *KB²*, 949; *Hol.*, 361. Sobre la violencia, véase el Cap. III, p. 115.

    homets, participio de *hamats*, significa "oprimir" (Sal. 71:4). El sustantivo *hamots* significa "opresor" *(Is. 1:17)* donde está vinculada con huérfanos y viudas (clases oprimidas); *KB²*, 310, 312; *Hol.*, 108s.

27. Gerhard von Rad, *Old Testament Theology* (Edinburgh: Oliver and Boyd, 1965), II, 376.

28. C.F.D. Moule pregunta por qué no se usa aun más (hay unas 7 citas directas), pero no presta suficiente atención a las alusiones y al uso de los conceptos. *El nacimiento del Nuevo Testamento* (Estella: Verbo Divino, 1974), p. 139s. Cp. R.T. France, *Jesus and the Old Testament* (London: Tyndale Press, 1971), pp. 110-132.

29. Leon Morris, *The Cross in the New Testament* (Grand Rapids: William B. Eerdmans Publishing Company, 1965) *passim*. Wolfhart Pannenberg, *Jesus-God and Man* (London: SCM Press Ltd., 1968), pp. 278-280.

30. Jürgen Moltmann, *El Dios Crucificado* (Salamanca: Ediciones Sígueme, 1975), p. 333ss.

31. Véase también la plena identificación por la fe del justifica-
    do con su sustituto, Gá. 2:20: "Juntamente estoy crucifi-
    cado con Jesucristo y ya no vivo yo, mas vive Cristo en
    mí . . ." Es decir, la sustitución se encuentra en un doble
    contexto de identificación: Cristo por su encarnación con
    los oprimidos y ellos por la fe con él. Por ser una realidad
    compleja (identificación-sustitución-identificación), cualquier
    analogía humana (un juez que toma el castigo del condena-
    do) resulta muy limitada. Por lo tanto, los argumentos
    morales contra la sustitución penal se basan en analogías
    humanas inadecuadas y su fuerza se quita tomando en cuenta
    la realidad compleja y total.

32. 1 Co. 1:17-18, 23; 2:2; etc.

33. Para más detalles sobre Is. 53; véase Cap. II.

2

Oprimidos y pobres
en el Nuevo Testamento

Introducción

En el Nuevo Testamento, si nos limitamos a las traducciones, un enfoque puramente "verbal" del tema de la opresión parece dar resultados relativamente escasos: todos los textos explícitos ocurren en Santiago, Lucas y Hechos. Por lo tanto, ampliamos la metodología para nuestro análisis del Nuevo Testamento. Escogemos los libros de Santiago y Lucas-Hechos para un estudio más completo, y examinamos la *idea* de la opresión, es decir, la teología de la opresión, sin limitarnos a los textos explícitos. Pero el estudio de Santiago nos lleva a ver que las traducciones ocultan en forma sistemática muchos textos del Nuevo Testamento que sí hablan de la opresión.

1. Santiago: continuidad profética

En la teología bíblica de la opresión podemos decir que la epístola de Santiago muestra la *continuidad* entre el Nuevo Testamento y el Antiguo.

Si el autor de esta epístola, con toda su furia profética contra la opresión, es de veras el hermano de Jesús (como siguen creyendo muchos expertos neotestamentarios), debemos pensar dos veces antes de catalogar a la opresión como "otra dispensación" materialista y política, que no alcanza las alturas espirituales de Jesús y Pablo.[1]

1.1 Santiago reconoce la lucha de clases como realidad ineludible (*re*descubierta, no creada, por el marxismo):

¿Acaso no son los ricos los que los explotan
[oprimen, *katadunasteúo*] a ustedes y los llevan
arrastrando ante las autoridades? (2:6b VP).

1.2 Santiago subraya que la iglesia se identifica con la causa de los pobres, y de hecho está constituida en su mayor parte por ellos:

Dios *ha escogido* a los que son pobres en este
mundo, para que sean ricos en fe y para que reciban como herencia el reino que él ha prometido
a los que le aman (2:5 VP cp. 1:9).

¿Por qué será que en tantos y tan voluminosos tomos escritos sobre la predestinación (especialmente en la tradición agustiana y calvinista), siempre se queda uno con la impresión de que Dios eligió a la burguesía y no a los pobres? Al estudiar los "decretos inescrutables", debemos por lo menos afirmar claramente lo que la Palabra de Dios hace patente, como nos exhorta a hacerlo el Deuteronomio (29:29).

1.3 Santiago se coloca firmemente con los profetas que vieron la opresión como la *causa básica* de la pobreza (2:1-7; 5:1-6). Nunca echa la culpa a los pobres mismos por inferioridad racial, holgazanería, alcoholismo, u otras razones. La culpa la tienen los ricos y solamente ellos, porque explotan y oprimen:

¡Oigan esto, ricos! . . .
El pago que ustedes no les dieron a los hombres
que trabajaron en su cosecha, está reclamando

contra ustedes; y el Señor de los ejércitos ha
oído la reclamación de esos trabajadores . . .
(5:4 VP).

1.4 La iglesia, la hermandad de los pobres, se presenta
como respuesta divina inicial al problema de la pobreza.
Es un escándalo si la iglesia no se adelanta a la culminación
del reino, cuidando las necesidades urgentes de sus miembros más indigentes.

Si a algún hermano o hermana le falta la ropa y
la comida necesaria para el día, y uno de ustedes
le dice: "Que te vaya bien; cobíjate y come",
pero no le da lo que necesita para el cuerpo;
¿de qué sirve eso? Así también la fe, si no tiene
obras, es muerta en sí misma (2:15-16 VP y
RVR).

Además, no es sólo la autenticidad de la fe individual,
sino la autenticidad de la iglesia misma lo que está en juego
en esta praxis: le corresponde a la iglesia auténtica no sólo
responder a peticiones sino tomar la iniciativa de ir en
busca de personas necesitadas. Dios juzga a la iglesia no
por su ortodoxia, sino por su ortopraxis:

La religión que es pura y sin mancha delante de
Dios el Padre es esta: visitar a los *huérfanos* y a
las *viudas* en sus opresiones [*thlipsis*], y no man-
charse con las cosas malas del mundo (1:27).

Recordemos que en el Antiguo Testamento los huérfanos y las viudas (junto con los inmigrantes) llegan a servir como prototipo de las clases oprimidas. Por lo tanto,
la autenticidad de la iglesia depende de su compromiso con
los oprimidos.[2]

1.5 La respuesta final de Dios frente a la opresión y la
pobreza resultante consiste en la venida del Señor:

Por eso [notemos el contexto anterior, 5:1-6]
hermanos, tengan ustedes paciencia hasta que el
Señor [*kurios* cp. 1:1] venga [*parousía*], el Juez,
está ya a la puerta (5:7, 9, VP).

Podemos comparar con Hechos 1:8 donde no se niega (en la teología de San Lucas) la liberación política como dimensión de la salvación cristiana, sino que se vincula sobre todo con la segunda venida.

1.6 Mientras tanto (y aquí Santiago trasciende la perspectiva del Antiguo Testamento y se adelanta a la teología de San Lucas) la liberación que caracteriza a la iglesia se ve sobre todo en los *milagros de curaciones* (cp. las plagas del Exodo) y el perdón [liberación] de los pecados:

> ¿Está alguno enfermo entre ustedes? Llame a los ancianos de la iglesia, y oren por él ungiéndole con aceite en el *nombre* del Señor. Y la oración de fe *salvará* [*sódzo*] al enfermo, y el Señor lo levantará; y si hubiere cometido pecados, le serán *perdonados* [*aphíemi;* cp. Lc. 4: 18], Stg. 5:14-15.

En estos textos podemos ver que la "salvación" en la teología bíblica sí incluye la salud física como previsión de la liberación política total. Por eso nos parece que Juan Stott se equivoca cuando niega que la curación física y la liberación política sean dimensiones de la salvación que nos trae Cristo. La teología bíblica nos enseña a pensar en forma más sintética y no tan analítica (como es costumbre en la filosofía griega y las teologías tradicionales dominadas por ella).[3]

2. Un caso de "opresión lingüística" (thlipsis y thlíbo)

Como ya señalamos en el estudio de Santiago (1:27), los léxicos griegos dan como primer sentido del sustantivo *thlipsis* "opresión".[4] Sin embargo, las traducciones comunes nunca dan evidencia de este sentido. Más bien se contentan con términos más ambiguos o moderados como "tribulación", "aflicción", "dificultad", "sufrimiento", etc.[5] No queremos sugerir que estos últimos términos sean traducciones equivocadas, pero sí insistimos que en muchos casos *thlipsis* en el Nuevo Testamento tiene matices socioeconómicos patentes que se suprimen y quedan velados en las traducciones comunes, como es el caso tamnién con el verbo *thlíbo*. Ya mencionamos que Santiago hace referencia a la *thlipsis* sufrida por viudas y huérfanos, clases comúnmente oprimidas en el Antiguo Testamento. No sólo el contexto inmediato sino también el contexto general del libro ponen de manifiesto la opresión comúnmente sufrida por la iglesia como hermandad de obreros pobres (2:6; 5:4).

Pero si es así en el caso de los cristianos en Santiago, ¿por qué pensar que otras condiciones predominaron en otras partes? En los Hechos leemos cómo el evangelio produjo un motín en Efeso, nacido del impacto económico (mengua en la venta de ídolos, 19:23-27). El Apocalipsis habla de un boicot como represalia contra los cristianos que no dan culto a "la bestia" (13:16-17).

Así cuando Cristo se dirige a la iglesia en Esmirna dice "Conozco su *opresión* [*thlipsis*] y *pobreza*". El contexto del libro y el vínculo con la pobreza sostienen la traducción "opresión" en vez de "aflicción" (2:9; cp. v. 10). En un artículo importante sobre la teología del Apocalipsis Juan Stam ha señalado cuán feroz es la crítica del libro contra la opresión económica del Imperio (esp. en los caps. 18-19).[6] Pero si es así en Ap. 2, 13, 18-19, ¿por qué pensar que la "gran tribulación [*thlipsis*] en 7:14 no incluye también la dimensión de opresión?[7]

En la carta a los Hebreos leemos:

Pero recuerden ustedes los días pasados, en los cuales, depués de haber sido *iluminados,* soportaron con paciencia los sufrimientos de una gran lucha. Algunos de ustedes fueron insultados y *oprimidos* [*thlipsis*], y otros tuvieron parte en el sufrimiento de los que fueron tratados así. Ustedes tuvieron compasión de los presos, y hasta con gozo soportaron que les *despojaran* de sus *posesiones,* sabiendo que en el cielo tienen una herencia que es mejor y perdurable (10:32-34).

Varios factores sugieren que en este contexto debemos entender por *thlipsis* no sólo algunas "aflicciones" en sentido general, sino algo parecido a las opresiones de los discípulos en Santiago. Parece más probable que la carta fue escrita (¿por Bernabé?) alrededor del 65 d.C. a destinatarios en Palestina (tal vez al grupo de sacerdotes originalmente convertido en Jerusalén, Hch. 6:7).[8] El bautismo público de tales personas ("iluminación", 10:31) habría provocado medidas económicas opresoras sistemáticas. Los sacerdotes pudientes convertidos llegaron así a hacerse compañeros y partícipes ([*koinonoí*], 10:33) con los creyentes corrientes y pobres. Perdieron sus herencias familiares y otras propiedades y bienes frente al "despojo" opresor (seguramente con pretextos "legales") pero lo aceptaron con gozo en vez de entrar en pleitos legales inútiles en tribunales sobornados y dominados por sus contrincantes (1 Co. 6:1-8).[9] Al igual que Santiago (5:7-9), frente a tal opresión Hebreos apunta hacia la venida inminente del Mesías y el justo Juicio Final (10:37). Los sacerdotes convertidos se encuentran, pues, la misma tradición de los santos pobres y oprimidos del Antiguo Testamento, que vivían sin ropa u hogar, *"pobres, oprimidos [thlíbo],* maltratados". Como tantas veces en el Antiguo Testamento, se ve que la causa básica de la pobreza no es la inferioridad ("de los cuales el mundo no era digno", 11:38), sino la opresión. Parece probable, entonces, que He. 10:32-34 no habla de robos ocasionales, sino de una continuación de la "lucha de clases" tan característica del Antiguo Testamento y Santiago. La opresión sirvió, pues, como instrumento de la clase dominante en Palestina, la oligarquía rica e inconversa.

Pablo también muestra que muchas veces debemos entender *thlipsis* y *thlíbo* como "opresión". Ambas palabras ocurren con más frecuencia en 2 Corintios donde el contexto hace explícita la relación con la pobreza. Así, cuando Pablo describe la reacción de las iglesias en Macedonia, dice que

> en grande prueba de *opresión* [*thlipsis*], la abundancia de su gozo y de su *profunda pobreza* abundaron en riquezas de su generosidad (8:2, cp. 6:4, 10; 12:10).

Encontramos aquí los mismos elementos (opresión, pobreza, gozo) que en Hebreos y Santiago. La pobreza no se ve como resultado de algún pecado o inferioridad racial sino de la opresión. Y como en el caso de la viuda (clase oprimida) del evangelio, la generosidad se ve como característica de los pobres, no de los ricos (quienes llegaron a ser ricos por la codicia y la opresión). Cuando 2 Corintios hace referencia a "la necesidad" [*anánke*] bien puede referirse al mismo tipo de opresión que hemos visto en Santiago y Hebreos.

Además de 2 Corintios, *thlipsis* y *thlíbo* las utiliza Pablo con más frecuencia en las cartas a los Tesalonicenses (1 Ts. 1:6, 3:3, 7; 2 Ts. 1:4, 6). Es algo que acompaña al rechazo de la idolatría (1 Ts. 1:6; cp. Hechos 19) y la persecución (2 Ts. 1:4). La pobreza de la iglesia en Tesalónica fue señalada por Lightfoot cuando escribió:

> Fueron bautizados con el bautismo de sufrimiento, y este sufrimiento fue resultado de la pobreza y la persecución. No existen advertencias contra las tentaciones de riqueza, ni amonestación sobre los deberes de los ricos, en las cartas a los Tesalonicenses o Filipenses. Se dirige a los Tesalonicenses, especialmente, como los que tienen que trabajar para poder vivir.[10]

Otra prueba del vínculo entre opresión, pobreza y persecución podemos verla en Romanos:

> ¿Quién nos separará del amor de Cristo? ¿La *opresión* [*thlipsis*]?, ¿la angustia?, ¿la perse-

cución?, ¿el *hambre*?, ¿la *desnudez*?, ¿los peligros?, ¿la espada?, como dice la Escritura:
> Por tu causa somos muertos todo el día; tratados como ovejas destinadas al matadero (8:35-36).

Como dice Schlier, la serie en Ro. 8:35 da "siete tipos de *thlipseis*",[11] es decir, siete tipos de *opresión*. La persecución en este caso es un tipo de opresión, especialmente si las autoridades cooperaron con los zelotes religiosos en un uso injusto de su poder de espada. Pablo, al tratar de la opresión-persecución de la iglesia, cita un salmo (44:14) en el que el contexto original habla de la opresión de Israel (*daka'*, v. 20; *'ani y lahats*, v. 25).[12] Obviamente debemos traducir *thlipsis* por "opresión" y no como "tribulación". Es algo sufrido por una iglesia pobre y vinculado en el contexto con referencias al hambre y desnudez. Estos factores en el contexto inmediato indican la continuidad del pensamiento paulino con la situación del salmo en el Antiguo Testamento.

Si este es el caso en las epístolas de Pablo, en las que tenemos pistas explícitas, puede ser que en muchos otros textos también debamos entender *thlipsis* y *thlíbo* como referencia a la opresión y a un tipo de lucha de clases al estilo del Exodo, y no sólo a la aflicción en sentido general.

¿Qué decir, entonces, de Jesús mismo? La parábola del sembrador contrasta a personas que sufren opresión [*thlipsis*] y persecución [*diogmós*] que se dan a causa de la palabra (Mr. 4:17 // Mt. 13:21), con personas de otra condición de vida cuyas tentaciones son más bien del "engaño de las *riquezas* y las *codicias*" (Mr. 4:16-17, 18-19). Así, pues como en el caso de Santiago, Hebreos y Pablo, tenemos un contraste implícito entre los pobres oprimidos y los ricos opresores. Y si es así, ¿no deberíamos entender también que las referencias a la Gran Tribulación (Mr. 13:19, 24 // Mt. 24:9, 21, 29) incluyen elementos de opresión económica como es el caso de la Gran Tribulación del Apocalipsis (13:6-7; 18-19)?

Concluimos, pues, que muchas veces es mejor respetar las preferencias de los léxicos y traducir *thlipsis* y *thlíbo* por "opresión" y "opresor". Esta conclusión se basa en la continuidad de perspectivas con el Antiguo Testamento, la misión de Jesús a los oprimidos (Lc. 4:18-19), la situación explícita de los cristianos en Santiago, y Hechos 10:38 y varios textos del Nuevo Testamento que vinculan la opresión con la pobreza y sus manifestaciones. Si traducimos así, es evidente que el tema de la opresión es mucho más común en el Nuevo Testamento que lo que nuestras versiones populares darían a entender. Podemos decir incluso que el Nuevo Testamento es más fuerte que el Antiguo Testamento en cierto sentido, porque "la tribulación [*thlipsis*] *constante* de Israel en el Antiguo Testamento ha llegado a ser la tribulación *necesaria* de la iglesia en el Nuevo Testamento.[13] Y, como en el Antiguo Testamento, el vínculo con la pobreza indica que la opresión sigue siendo causa básica de la pobreza también en el Nuevo Testamento.[14]

3. Lucas-Hechos: el nuevo enfoque "carismático"

Introducción

Al enfocar el tema debemos advertir que ni el ambiente político en el cual se movía Lucas, ni sus propósitos al escribir Lucas-Hechos favorecieron un tratamiento explícito y detallado de la opresión, que los gobernantes romanos hubieran fácilmente podido malentender. Piénsese, por ejemplo, en el título "mesías" en los evangelios y el concepto de la ira de Dios (tan repugnante a la mentalidad griega), que es mucho más común en el Antiguo Testamento. El escritor prudente escoge cuidadosamente las palabras a la luz de sus lectores y de sus propósitos principales.[15]

3.1 La situación política

Para entender lo que pasa en la teología de opresión-pobreza-liberación en Lucas-Hechos tenemos que recordar en primer lugar la situación política de Jesús y la iglesia.

Los apologistas evangélicos glorifican a Lucas por su preciso uso de los títulos correctos de los gobernantes romanos.[16] Bruce insiste (con razón, creemos) que es prueba de la capacidad de Lucas como historiador fidedigno. A veces se nos olvida que también es prueba de la sensibilidad y sutileza lucanas en asuntos políticos. Santiago, en la seguridad relativa de Jerusalén, pudo denunciar la opresión con cierta furia profética. Lucas, en la sumamente delicada situación del mundo pagano (tal vez con la vida de Pablo todavía en juego) estaba "caminando sobre huevos".

En los cantos proféticos al principio de su evangelio, Lucas hace patente que el pueblo de Dios en el Nuevo Testamento habla con la misma conciencia de ser un pueblo oprimido como lo habían hecho en el Antiguo Testamento (1:32-33, 51-55, 68-79). Siempre es un pueblo pobre, humilde, oprimido, que anhela la liberación política. La pregunta de los apóstoles al principio de Hechos (1:6-7) refleja la misma preocupación y conciencia. Pero Lucas se dirige a Teófilo, no pensando en *endurecerlo* con plagas vengativas, sino con la intención primordial de *confirmar* su corazón en la verdad del evangelio. No esconde ni por un momento, sin embargo, que el evangelio representa Buenas Nuevas para los pobres oprimidos.

Los comentaristas están de acuerdo en subrayar toda una serie de pruebas que muestran que Lucas quiso lograr para la iglesia la misma libertad en la proclamación del evangelio que disfrutaban los judíos en la práctica de su religión.[17] Además, es importante subrayar que no fueron mayormente los romanos los culpables de la opresión del pueblo de Dios, sino la oligarquía religioso-política de los judíos mismos. Como señala Juan Luis Segundo:

> De acuerdo con el pensamiento implícito de Gutiérrez, deberíamos decir que si, "para la conciencia histórica contemporánea lo político no es ni siquiera una región bien delimitada de la existencia humana . . . es el condicionamiento global y el campo colectivo de la realización humana", constituye un anacronismo preguntar cuál puede haber sido la posición de Jesús sobre este descubrimiento *contemporáneo,* y, en concreto, sobre su relación con el Imperio Romano o con los zelotes. Cabe más bien tener en cuenta que la opresión concreta, diaria, estructurada, a la que se enfrentó Jesús en su tiempo no aparecía como "política" —en el sentido moderno de la palabra— sino más bien como "religiosa". Quienes determinaban la estructura sociopolítica de Israel eran más que los empleados del Imperio, la autoridad religiosa de escribas, fariseos y saduceos. Que Jesús haya hecho trizas esa autoridad realmente política, lo prueba el hecho de que el interés por eliminar físicamente a Jesús, en cuanto amenaza para el *statu quo,* viniera, no de los representantes del Imperio Romano, que sólo dieron un aval desinteresado y formal, sino de las autoridades supuestamente "religiosas".[18]

Posteriormente añade:

> Hacemos un anacronismo cuando pensamos en que el plano político decisivo —precisamente en términos políticos— era el de la oposición Judea-Imperio Romano. Tal vez sea más exacto decir que, si bien existían entonces quienes lo pensaban así, por ejemplo los zelotes, la realidad polí-

tica que realmente estructuraba a Israel y determinaba los roles y las relaciones dentro de la sociedad, no era ciertamente el Imperio Romano sino la teocracia judía, basada en las autoridades que manejaban la ley sagrada. Ya hemos visto cómo Jesús destruyó el fundamento de tal estructura opresora de poder al enseñar al pueblo a despreciar sus fundamentos teológicos. Ello constituyó hasta tal punto una amenaza política, que las autoridades de Israel se valieron de la autoridad romana para terminar con un peligroso adversario *político*. Porque eso, y no otra cosa era Jesús.[19]

Nos parecen ciertas y sumamente valiosas estas aclaraciones de Segundo. En círculos evangélicos la mentalidad anabautista, con su marcada y rígida separación de iglesia y estado, influye demasiado *en la hermenéutica* (aquí no entramos en la cuestión muy distinta del valor de esta distinción como estrategia y principio político para la iglesia hoy). Pensamos en el Imperio Romano como estado y en las autoridades judías como "iglesia". Nos olvidamos que en una teocracia como lo era el judaísmo del primer siglo, no existe tal distinción (para no mencionar la dimensión enfáticamente religiosa del Imperio Romano desenmascarado en el Apocalipsis).

Si tiene razón Segundo en su análisis de la situación política de Israel y la táctica política de Jesús, son grandes las implicaciones para el análisis de la opresión en el Nuevo Testamento. Nos deja con la interrogante de si los cristianos en América Latina deberíamos también concentrarnos más en el problema de las oligarquías locales que permiten tanta explotación extranjera, en vez de consumir casi todas nuestras energías en denuncias contra el imperialismo extranjero, que sigue sordo e indiferente a nuestros ataques. ¿Es que preferimos una vida larga, cómoda e inútil, al martirio?

3.2 Lucas 4:18-19 y la teología de la opresión

La exégesis de Lucas 4:18-19 pone de manifiesto dos factores adicionales que nos ayudan a entender la teología de la opresión en el Nuevo Testamento. En este texto Jesús califica su evangelio como un anuncio de Buenas Nuevas a los pobres-oprimidos.[20] Como lo señala Herman Ridderbos:

> Estos "pobres" o "pobres en espíritu" (mansos) . . . representan los *oprimidos socialmente,* los que sufren del poder de la justicia y son perseguidos por la gente que piensa solamente en su propia ventaja e influencia. Ellos son, sin embargo, *al mismo tiempo* los que siguen fieles a Dios y esperan su salvación solamente de su reino.

Ridderbos interpreta los "pobres" de Lucas 4:18 a la luz de la cuarta bienaventuranza en Mateo, pronunciada sobre los que tienen "hambre y sed de justicia". Compara este texto con la parábola del juez injusto (Lc. 18:1-8). Concluye que "la *justicia* aquí mencionada es nada menos que la *liberación (de la opresión)* que el pueblo de Dios (sus elegidos) puede reclamar como la salvación que su rey les prometió".[21] "Pobres" sigue siendo una palabra importante en la teología del Nuevo Testamento. (*ptochós,* por ejemplo, ocurre 34 veces en el Nuevo Testamento; 10 veces en Lucas).[22] El vocabulario para "opresión" es menos explícito, pero en Lucas 4:18 se ve clara la continuidad con la perspectiva del Antiguo Testamento: los pobres son los oprimidos; por eso son pobres.

Otro factor importante es que en el contexto de Lc. 4:18 Jesús señala su ministerio como el tiempo de *cumplimiento* (4:21) y anuncio de *Buenas Nuevas* a los pobres. Hemos visto que la época del Antiguo Testamento representa el tiempo de análisis agudo y de desenmascaramiento de las *causas* de la pobreza, la principal de las cuales es la opresión. Ahora, con la proclamación de Jesús este tiempo de hurgar en las causas se acabó: es tiempo

de anunciar la llegada de la solución —el reino de Dios.
Veremos en Hechos cómo Lucas presenta esta solución.

3.3 Hechos 10:38 y la teología de la opresión.

Segundo señala un factor básico que tenemos que tomar
en cuenta cuando escribe:

> Parecería que Jesús centra su mensaje en una li-
> beración de las relaciones interpersonales, olvi-
> dando casi por completo —y tal vez excluyen-
> do— la liberación con respecto a la opresión
> política. Igual cosa sucede con Pablo y práctica-
> mente con todos los escritores neotestamenta-
> rios.[23]

En parte Segundo encuentra su explicación de la situación en su definición amplia de política y en su análisis de
la situación política de Jesús y la iglesia. Hechos 10:38
sin embargo, nos sugiere perspectivas adicionales. Pone de
relieve la transformación radical que experimenta el tema
de la opresión en el Nuevo Testamento. En este texto
Pedro, en su sermón en la casa de Cornelio, *resume todo
el ministerio de Jesús así:*

> Saben cómo Dios ungió con el Espíritu Santo y
> con poder a Jesús de Nazaret, y cómo este andu-
> vo haciendo bien y *sanando* a todos los *oprimi-
> dos* [*katadunasteúo*] por el *diablo,* porque Dios
> estaba con él (10:38).

De inmediato salta a la vista un nuevo elemento que no
habíamos encontrado en la teología de la opresión en el
Antiguo Testamento: lo que Jesús hace para los oprimidos
no es una liberación sociopolítica al estilo de Moisés, sino
curaciones. Es decir, según la interpretación de Pedro, debemos entender todas las curaciones que hicieron Jesús y
sus apóstoles a lo largo del evangelio y los Hechos como
liberaciones de personas *oprimidas.* Estas *curaciones* en el
Nuevo Testamento toman el lugar de las *plagas* del Exodo
y, como las plagas, llevan al pueblo de Dios a una serie de

enfrentamientos con las autoridades eclesiástico-políticas. Dan testimonio del *evangelio,* en vez de anunciar solamente juicios vengativos. Sin embargo, la liberación de enfermedades en la teología bíblica no se debe malinterpretar como algo puramente individual y de menos trascendencia que el Exodo. Más bien representa un ataque contra la muerte misma, el gran y "postrer enemigo" y tirano (1 Co. 15:26). Es, pues, un paso "más allá" del Exodo en la liberación humana, no un paso atrás.

Además Pedro señala como agente en la raíz de toda opresión al mismo *diablo,* quien toma el lugar del Faraón del Exodo. Otra vez tenemos una perspectiva revolucionaria. Esta explica en parte por qué Pablo insistió en que el conflicto del pueblo de Dios no es contra carne y sangre, sino contra las potestades y poderes que están detrás de cualquier gobierno humano.[24] La nueva perspectiva no *sustituye* una perspectiva política con otra "espiritual", sino que *añade* la dimensión diabólica (que no quedó explícita en el Exodo).

Tal vez el texto lucano donde más se destaca su interpretación de las curaciones como liberación de opresiones diabólicas es 13:10-17, donde Jesús sana a una viejita encorvada. Lucas introduce el relato con la observación de que "un *espíritu* la tenía enferma" (v. 11), y cuando Jesús la hubo liberado se refiere a ella como "hija de Abraham, a la que *ató Satanás* hace ya dieciocho años".

También en la parábola del juez injusto y la viuda (clase oprimida) importuna, Lucas pone de relieve que la realidad de opresión-pobreza-liberación se toma muy en cuenta en su teología, aunque tiene mucho cuidado de no usar un vocabulario demasiado provocativo (18:1-8). La viuda (clase oprimida) pide justicia contra su adversario *(antidíkou*=opresor). Esta parábola hace imposible pensar en una proclamación de las Buenas Nuevas del reino que no incluya la dimensión de la liberación política:

Oíd lo que dice el juez injusto; y Dios ¿no hará

justicia a sus elegidos [pobres oprimidos], que
están clamando a él día y noche, y les va a hacer
esperar?

Se acerca aquí a los tonos proféticos de Santiago
(5:1-6), pero por medio indirecto de una parábola.

3.4 Hechos 1-12: Liberaciones y justicia

Cuando estudiamos la estructura de Hechos 1-12 a la
luz de la teología de opresión-pobreza-liberación (Lc.
4:18 y Hechos 10:30), nos llaman la atención ciertas
características. Podemos observar la repetición, seis veces,
de los mismos elementos: (1) liberaciones [milagros, mayormente curaciones]; (2) proclamación de Buenas Nuevas
a los pobres; (3) conflictos con las autoridades religioso-
políticas y testimonio ante ellas; (4) justicia para los po-
bres/oprimidos en la nueva comunidad; (5) la multiplicación de la iglesia (mayormente pobre). Ofrecemos el
siguiente análisis (que *no pretende ser* precisamente
un bosquejo del libro) para destacar los elementos clave:

I. Primer ciclo: 2:1-47
1. El milagro y Buenas Nuevas de Pentecostés: el Espíritu dado a los pobres, 2:1-41, esp. 18.
2. Liberaciones (maravillas y señales), 43.
3. Justicia para los pobres en la nueva comunidad,
   42, 44-45.
4. Favor universal, 47a.
5. Multiplicación de la iglesia, 47b.
II. Segundo ciclo: 3:1-4:37
1. Liberación de un cojo, 3:1-10.
2. Proclamación de las Buenas Nuevas, 3:11-26.
3. Conflicto y testimonio ante las autoridades,
   4:1-31.
4. Justicia para los pobres en la nueva comunidad,
   4:32-37.
5. Multiplicación de la iglesia, 4:31, 33.
III. Tercer ciclo, 5:1-6:7

1. Plagas y señales (que la época mesiánica ha llegado), 5:1-16.
   a. Muerte de Ananías y Safira, 5:1-11.
   b. Liberaciones, 5:12-16.
2. Testimonio ante las autoridades, 5:17-42.
3. Los diáconos garantizan justicia para los pobres, 6:1-6.
4. Multiplicación de la iglesia, 6:7 (cp. 5:14).
IV. Cuarto ciclo, 6:8-9:42.
1. Liberaciones hechas por Esteban, 6:8.
2. Conflicto y testimonio ante las autoridades, 6:9-8:3.
3. Liberaciones hechas por Felipe, 8:4-8.
4. Testimonio ante un gobernante, 8:26-40; un opresor convertido, 9:1-31.
5. Liberaciones hechas por Pedro, 9:32-35.
6. Ministerio de Dorcas a las viudas [clase oprimida] restaurada por resurrección, 9:36-41.
7. Multiplicación de la iglesia, 9:42 (cp. 8:31).
V. Quinto ciclo, 10:1-12:25.
1. Justicia para los pobres en el mundo gentil, 10:2, 4, 35.
2. Milagro de la conversión de Cornelio, 10:1-48; 11:1-18.
3. Las Buenas Nuevas en Antioquía, 11:19-26.
4. Justicia para los pobres se extiende de Antioquía a Jerusalén, 11:27-30.
VI. Sexto ciclo, 12:1-26.
1. La opresión de la iglesia en Jerusalén, 12:1-5.
2. La liberación de Pedro de la cárcel, 12:6-19.
3. La plaga (muerte) del opresor Herodes, 12:20-23.
4. La multiplicación de la iglesia, 12:24.
5. El cumplimiento del ministerio a los pobres, 12:25.

Podemos ver, pues, en Hechos 1-12 cómo Lucas destaca la liberación de los pobres [=oprimidos, Lc. 4:18] y la justicia para ellos en el seno de la iglesia palestina. Esta praxis liberadora se presenta como punto de partida para una proclamación eficaz de las Buenas Nuevas a los pobres y la multiplicación de la iglesia. Los milagros de sanidad (mayormente) que acompañan a la predicación del evangelio llevan a la iglesia a un enfrentamiento continuo con las autoridades político-religiosas y a un testimonio ante ellas. Estas liberaciones las debemos entender como *señales* de la llegada de la época mesiánica en la cual hay justicia para los pobres.[2 5]

3.5 Hechos 13-28: Misión y opresión-persecución.

En Hechos 13-28 Lucas deja de centrar el interés tanto en los milagros de sanidad, como en la justicia para los pobres en la iglesia y en la multiplicación de la misma. En vez de centrar nuestra atención en la multiplicación de la iglesia en Palestina, Lucas ahora quiere que se fije en la *expansión* de la iglesia —su *penetración* en todo el Imperio Romano. Los milagros relatados ahora como *señales* de la llegada de la época mesiánica no son tanto curaciones, sino la conversión de los gentiles. El *"anteproyecto"* del reino venidero (la iglesia en Palestina) ahora se proyecta y se multiplica en todo el mundo gentil (como Israel tuvo que crecer antes del Exodo, Ex. 1:1-7).

En el Antiguo Testamento Dios buscó sobre todo la *separación* de su pueblo en un país. Por ello Moisés promovió el Exodo, en primer lugar, para poder tener "un culto en el desierto" (Ex. 5:1, etc.). En contraste, según nos lo hace recordar Lucas en la conclusión de su obra, la meta de la iglesia en el Nuevo Testamento es la *libre* proclamación del evangelio en todo el mundo (Hechos 28:30-31). El muro de Nehemías simboliza bien la *separación* que Dios quiso en el Antiguo Testamento. Pero los "caminos en el desierto" de Isaías (40:3) llegan a señalar en la época del Nuevo Testamento la *penetración* del mundo con el evangelio querida por Dios (Mr. 1:3; Mt. 3:3; Lc. 3:4).

En Hechos 13-28 Pablo, el "opresor convertido" es el

personaje central, pero lo que él había causado y ahora sufre se llama "persecución" más que opresión.[26] En general podemos decir que la opresión nace más de la codicia y la persecución que del celo religioso (Jn. 15:18-25). Por ello la persecución llegó a ser más común cuando el pueblo de Dios se lanzó a predicar en el mundo pagano. El énfasis en la "persecución" refleja la nueva situación más dinámica y móvil de la iglesia. Sin embargo, la iglesia del Nuevo Testamento es siempre una iglesia de pobres (1 Co. 1:26-29) y, por lo tanto, oprimidos (Santiago). La persecución, motivada por el celo religioso, se *agrega* a la opresión, motivada por la codicia. No debemos suponer que la persecución toma el lugar de la opresión. Al lanzarse al mundo pagano con las Buenas Nuevas, los pobres de Dios llegan a ser no sólo oprimidos, sino *también perseguidos* por hombres religiosos.

El cuidado de los pobres en Hechos 13-28 se ve mayormente en la protección divina de Pablo, el pobre *par excellence* (Hechos 20:32-35; 26:17 cp. 2 Co. 6:3-10; 1 Co. 4:8-13). Además, y es muy importante, tenemos las ofrendas de las iglesias gentiles para los pobres en Jerusalén (24:17; cp. 11:27-30; 12:25). Pablo y Lucas seguramente entendieron estas ofrendas como señales de la llegada de la época mesiánica (Is. 60:5-7, 13; 61:6-7; 66:12).[27]

La transición del énfasis en curaciones y justicia para los pobres en Hechos 1-12 al énfasis en el milagro de la conversión de los gentiles en Hechos 13-28 nos ayuda a entender que ahora la opresión no se ve sobre todo como *enfermedad* sino como *oscuridad* diabólica que promueve la persecución-opresión. Para entender algo de este desarrollo en la teología de opresión-pobreza-liberación en Hechos 13-28 es importante comparar cuidadosamente la comisión de Pablo en Hechos 26:18 con la de Jesús en Lc. 4:18-19.

Lucas 4:18-19
El Espíritu del Señor está sobre mí,
porque me ha ungido,

Me ha *enviado* a anunciar a los
  pobres la Buena Nueva,
a proclamar la *liberación* a los
  cautivos
y la *vista a los ciegos,*
  para dar la *libertad* a
  los *oprimidos,*
y proclamar *un año de gracia*
  del Señor.

Hechos 26:17-18
Yo te *libraré* de tu pueblo y de los gentiles,
a los cuales yo te *envío,*
  para que les *abras los ojos;*
  para que se conviertan de las tinieblas a la luz,
  y del *poder de Satanás* a Dios;
  y para que reciban el *perdón* de los pecados
  y una parte en la *herencia* entre los santifica-
  dos mediante la fe en mí.

En el contexto podemos ver a Pablo que cuenta al rey
Agripa, su opresor, cómo él mismo dejó de ser opresor-
perseguidor de la iglesia para identificarse con los oprimi-
dos-perseguidos. Primero, el apóstol cita la promesa de
Jesús de *librarlo* de la opresión-persecución. La curación
física de los ciegos en la misión de Jesús llega a ser una
iluminación espiritual universal en la comisión de Pablo.
La conversión consecuencia de la iluminación espiritual
pasa a ser en la comisión de Pablo, una liberación del opresor Satanás, pero la palabra "perdón" (griego: *´aphesin)* en
Pablo es la misma que se traduce como "liberación" v
"libertad" en Lc. 4:18. La referencia al año de Jubileo
en Lc. 4:19 tiene su paralelo en la referencia (griego:
kleron) en Hechos 26:18-28.

Al comparar estas dos comisiones, pues, podemos notar elementos comunes, pero con un desarrollo ulterior.
No debemos entender el cambio como una espiritualiza-

ción en el sentido griego (hacer no-material) o en el sentido de despolitizar el evangelio. Las señales mesiánicas de curaciones en Lc. 4:18-19 (cp. Is. 35:5-6) se convierten casi siempre en Pablo en el *milagro* de la conversión de los gentiles (Is. 42:6-7; 49:6-7), pero son también *pruebas de que el reino de Dios ha llegado.* En la comisión de Pablo todas las fuerzas opresoras, de enfermedad física, injusticia económica, tiranía política quedan desenmascaradas como expresiones de "la autoridad de Satanás".[29] Otra vez es evidente que el "perdón" de los pecados es solamente *una* dimensión de la salvación que Pablo predicó.[30]

3.6 Resumen y síntesis: Lucas-Hechos.

Hemos visto que Lucas, como Santiago, evidencia una continuidad básica con la perspectiva del Antiguo Testamento sobre la opresión: el pueblo de Dios habla con una profunda conciencia de ser un pueblo políticamente oprimido (los cantos proféticos en Lucas 1-2; Hechos 1:8), y en Lucas 4:18-19 "los pobres" sigue siendo sinónimo de "los oprimidos". Sin embargo, lo que se nota sobre todo en Lucas-Hechos es el desarrollo y extensión del tema de la opresión:

(1) El opresor principal (detrás de todos los faraones y oligarquías locales) se revela como el *diablo* mismo (Hechos 10:38). Por lo tanto, las armas correspondientes tienen que incluir la oración y la palabra (Hechos 4:23-31).

(2) En el nivel humano a Lucas no le interesa tanto analizar las *causas* de la pobreza (como se hizo tanto en el Antiguo Testamento) sino ejemplificar (ortopraxis) y proclamar la *solución* en el reino de Dios (con la iglesia como "anteproyecto").

(3) En Lucas las opresiones se manifiestan sobre todo como *enfermedades* (Hechos 10:38).

(4) Jesús da prioridad a *curar* a los oprimidos, y no a una liberación inmediata de Roma. Sin embargo, los milagros (mayormente curaciones) sí tienen un significado po-

lítico y producen una confrontación con las autoridades religioso-políticas.

(5) La liberación política se manifiesta en la destrucción de la autoridad opresora de la jerarquía religiosa judía (escribas, fariseos, saduceos) y en el logro de la libertad religiosa para la libre proclamación del evangelio en todo el Imperio Romano (Hechos 28:30-31, etc.).

(6) Los pobres (oprimidos) disfrutan de los beneficios del año de Jubileo (Lc. 4:19; Lv. 25) en el seno de la *iglesia,* donde los propósitos de Dios para su *reino* venidero empiezan a manifestarse (Hechos 1-12).

(7) En su penetración del mundo con las Buenas Nuevas del reino la iglesia sigue sufriendo la opresión, ahora no solamente como clase económica estática, sino también como misioneros viajantes y *perseguidos* (especialmente Pablo, Hechos 13-28).

Así pues, en Lucas-Hechos la enfermedad, la tiranía jerárquica religiosa, y la persecución llegan a ser las formas principales de opresión. Frente a todas Jesucristo se presenta como libertador, curando a los enfermos, desenmascarando falsas pretensiones de las autoridades y protegiendo y librando a sus enviados, a veces milagrosamente. Es una liberación *verdaderamente* íntegra (pero no despolitizada).

Conclusión

En la década de los años 70 dos movimientos tuvieron gran impacto en la iglesia de América Latina: por un lado, el movimiento carismático-pentecostal, con énfasis en milagros de sanidad y campañas masivas donde se predica un "evangelio" supuestamente despolitizado; por otro, las teologías de liberación con su orientación izquierdista y política, con un reto débil a las autoridades, y casi sin contacto con las campañas pentecostales de sanidad. Tal vez la lección principal que podemos aprender del estudio de la opresión en Lucas-Hechos es que en la iglesia del Nuevo Testamento no existía tal dicotomía entre estas dos dimensiones: la proclamación del reino va acompañada de curaciones milagrosas y exorcismos, pero la praxis y la proclamación de la iglesia eran tales que inevitablemente las curaciones y los sermones los llevaron a una confrontación con las autoridades políticas y a dar un testimonio ante ellas. El resultado fue la conversión o benevolencia por parte de las autoridades (con grados de liberación política según el poder del gobernante) o la persecución (a veces ambas). El hecho de que el emisario de Jesús (cp. su precursor Juan Bautista) se vea, al final, custodiado por un soldado romano (Hch. 28:16) prueba la relatividad de cualquier liberación política que resulta de la predicación del evangelio. Pero que Lucas termine su relato con la palabra "libremente" [*akolútos*], deja abierta la puerta y nos da base para la esperanza (28:30-31).

No podemos pretender que la discusión anterior agote las posibilidades del tema. Una investigación más detallada de la teología paulina, por ejemplo, nos daría indudablemente más perspectivas enriquecedoras. Además, en gran parte lo problemático del tema resulta de una pregunta que queda sin resolver. Como señala Juan Luis Segundo:

> ¿Cuál es, entonces la relación que existe . . . entre la revelación de Jesús en el Nuevo Testamento y la revelación de Dios en el Antiguo Testamento? Aunque parezca mentira, esta pregunta tan simple y esencial está lejos de haber recibido una respuesta clara a lo largo de los veinte siglos de vida del cristianismo. *Y ello ha condicionado a la teología entera.*[31]

Estamos muy de acuerdo. Sin embargo, creemos que la clara continuidad entre el Antiguo Testamento y la enseñanza de Santiago sobre la opresión nos deja con una con-

clusión cierta, sostenida por ambos testamentos: *Según
la teología bíblica la causa principal de la pobreza es la
opresión.* El Nuevo Testamento, al introducir preguntas
y perspectivas complementarias (el diablo, los poderes, las
sanidades como liberaciones, la persecución como nueva
forma de la opresión, etc.) de ninguna manera quiere negar
esta conclusión tan fundamental en la enseñanza del
Antiguo Testamento. Y si la conclusión es cierta, las implicaciones para la iglesia, en su proclamación de las Buenas
Nuevas a los pobres y en todo su ministerio, son enormes.
Especialmente en países dominados por una mentalidad
capitalista, nos queda por delante una tremenda tarea de
desenmascaramiento, sin la cual no podemos pretender
haber cumplido con la responsabilidad profética de señalar
las formas del pecado en el mundo moderno (Ef. 5:11).[32]
Sin embargo, tenemos que subrayar también que la glo-
ria y el privilegio de la iglesia en el Nuevo Testamento
es la de vivir y proclamar las Buenas Nuevas del reino
de Dios, solución divina al problema de la pobreza pre-
figurada en el año de Jubileo (Lv. 25; Lc. 4:19) y puesta
en práctica en la iglesia (Hch. 2:4; etc.) como primicia del
reino venidero.

En la ley y los profetas descubrimos un desenmascaramiento feroz de los mecanismos opresivos que producen la
pobreza.[33] En el evangelio Jesús hace patente que él vino
a "cumplir" —no a pasar por alto— el mensaje de la ley y
los profetas. Por ello el evangelio que proclamamos tiene
que *dar respuesta* al problema de la opresión y la pobreza
—y no pretender que la pobreza no existe o surge mayormente de otras causas. Esta respuesta se da sobre todo en
la *praxis* (véase el título de los Hechos [griego: *praxis*]).
Como muestra Pablo en Gálatas, no es solamente la plenitud sino la *integridad* del evangelio mismo lo que está en
juego. La justificación por la fe *tiene* que expresarse en
compromiso con los pobres (2:9-10; 5:6). Si no es así estamos viviendo y predicando "otro evangelio" (1:6-9).

Apéndice: Presuposiciones y metodología

Nuestra investigación parte de una presuposición bien expresada por Juan Luis Segundo:

> El cristianismo es una religión bíblica, esto es, la religión de un *libro* . . .Esto significa también que la teología no puede desviarse por su cuenta de ese camino, sino volver repetida e indefinidamente a interpretar el mismo libro. La teología no es —por lo menos en primer lugar— una interpretación del hombre o de la sociedad.[34]

Respetamos las investigaciones de especialistas en las ciencias sociales que optan por otro punto de partida. Rafael Avila sugiere la posibilidad de una dialéctica entre los dos acercamientos cuando escribe:

> Nos interesa hacer un intento de lectura de la Biblia *desde América Latina,* o quizá también de lectura de nuestra situación *desde la Biblia.*[35]

Creemos que la dialéctica entre estos dos acercamientos puede ser muy fructífera si los sociólogos y los biblistas se respetan mutuamente como miembros de un cuerpo, en el cual la tarea de interpretar las Escrituras es privilegio y responsabilidad de todos (el "sacerdocio de todo creyente") y no un monopolio clerical. En nuestro caso la idea de un estudio de la opresión en la teología bíblica se nos ocurrió al leer ciertas teologías de liberación (agradecemos particularmente a Hugo Assmann el haber hecho tan patente la importancia del tema).[36] No creemos que la sociología deba imponer una agenda (mucho menos dictar las conclusiones) a la teología bíblica. Pero sí creemos legítimo que la teología bíblica tome muy en cuenta ciertas preguntas y preocupaciones de las ciencias sociales, especialmente cuando estas llegan a ser incorporadas hondamente en la reflexión teológica de la iglesia. Hacer caso omiso de ellas puede resultar en la pérdida del mensaje profético ("lo que el Espíritu está diciendo a las iglesias") y la negación de la naturaleza de la iglesia como cuerpo de Cristo (con miembros muy diversos).

Trabajamos, entonces, siempre con la Biblia como norma, veraz (o "inerrante" si se quiere) en todo lo que enseña, pero también con la convicción de que vivimos en una época de una nueva reforma cuando Dios por su gracia está haciendo que brote luz nueva de su Palabra. Más que señalar los riesgos y los extremos de la nueva situación, preferimos exponer positivamente las dimensiones del mensaje bíblico hasta ahora algo oscurecido (algunos dirían "suprimido") —y sobre todo buscar caminar bajo aquella luz.

Sin duda algunos criticarán nuestra metodología como una especie de "positivismo bíblico" en la tradición (y con las presuposiciones) de B.B. Warfield.[37] Está bien. El Espíritu sopla donde quiere y es capaz de comunicar la verdad por medio de (o a pesar de) cualquier metodología que sea un esfuerzo sincero de acercarnos a Dios por su Palabra. No pretendemos que la nuestra sea la única metodología válida.[38]

Para la primera parte de esta investigación la metodología resultó bastante sencilla: buscamos la palabra "opresión" en una concordancia analítica (Young's) y notamos las palabras hebreas y griegas así traducidas. Fuimos entonces a los léxicos hebreos y griegos y a las concordancias basadas en los idiomas originales. Hicimos un estudio de todos los casos de las palabras en el campo semántico para la opresión. Por medio del estudio de los léxicos y los textos donde ocurren las palabras del vocabulario básico descubrimos algunas palabras y textos adicionales. Dada la rica variedad de palabras hebreas en este campo semántico, tratamos de identificar el matiz especial de cada palabra y organizamos las observaciones exegéticas, teológicas, y las aplicaciones alrededor de estas palabras.

En el caso del Nuevo Testamento este enfoque basado en las palabras, a primera vista no dio resultados tan satisfactorios: hay muy pocos textos, y todos ellos en Santiago y Lucas-Hechos. Más bien nos creó el problema de una aparente falta de continuidad entre los dos testamentos. Escogimos, por lo tanto, a Santiago y Lucas-Hechos como enfoques de una investigación más centrada en ideas para tratar de entender qué pasa con el tema de la opresión en el Nuevo Testamento. La consulta con peritos en el campo (sobre todo Plutarco Bonilla y Ricardo Foulkes), además de ciertas lecturas recomendadas por Orlando Costas (especialmente Juan Luis Segundo) nos proporcionaron ciertas pistas. Sobre todo, la lectura repetida de Lucas y Hechos en griego sugirieron nuevas perspectivas, ya que el estudio de las palabras había producido cierta "concientización" sobre el tema y sus dimensiones. Al estudiar la persecución, topamos por fin con el hecho de que las traducciones habían suprimido el tema de la opresión, usando siempre términos débiles como "aflicción" y "tribulación" para traducir *thlipsis* y *thlíbo*.

Todo el proceso ilustra bien el tercer paso en el "círculo hermenéutico" analizado por Juan Luis Segundo: "Una nueva manera de experimentar la realidad teológica que nos lleva a la sospecha exegética, es decir, a la sospecha de que *la interpretación bíblica corriente no tiene en cuenta datos importantes*".[39]

Esperamos que otros más capacitados en el griego y en el Nuevo Testamento puedan complementar nuestro pobre esfuerzo con resultados más satisfactorios. Además la aplicación al Antiguo Testamento de una metodología más centrada en ideas puede abrirnos muchas perspectivas nuevas.

En conclusión, solamente queremos subrayar nuestra convicción en cuanto al papel de las presuposiciones, sean de tipo teológico o ideológico. Estas, nos parece obvio, *influyen* inevitablemente (tal vez sobre todo en la escogencia de áreas de investigación). Pero jamás deben *determinar* las conclusiones. La historia de la teología abunda en ilustraciones de hombres que empezaron con presuposiciones de un tipo y las cambiaron por otras (ejemplos muy conocidos son las investigaciones de Frank Morris sobre la Resurrección y de William Ramsey sobre la historicidad de Lucas-Hechos). Si somos conscientes de nuestras presuposiciones, estas quedan al descubierto donde el rayo de nuevos datos puede destruirlas (o por lo menos modificarlas radicalmente).

NOTAS

1. Luis Fernando Rivera, "Sobre el socialismo de Santiago" (Stg. 2:1-13) en *Panorama de la Teología Latinoamericana* I, Equipo Seladoc (Salamanca: Ediciones Sígueme, 1975), pp. 140-147 [Revista Bíblica 34 (1972), pp. 3-9]. Julio de Santa Ana, *El Desafío de los Pobres a la Iglesia* (San José: EDUCA, 1977), pp. 63-67.

2. Además, los léxicos dan como *primer* sentido de la palabra *thlipsis "opresión"* y no "aflicción". Para más detalles, véase la próxima sección.

3. *Pace* Stott, la "salvación" aquí *consiste* en la sanidad física y *se distingue* del perdón de los pecados. Stott hace bien, sin embargo, en ver el vínculo existente entre la hermenéutica pentecostal (de sanidad) y liberacionista (de política). Y sin duda tiene razón al insistir en que distingamos entre los beneficios siempre asegurados al creyente en esta vida (la justificación, la santificación, etc.) y los beneficios asegurados en principio en la cruz y la resurrección, pero a veces no disfrutados plenamente por el creyente ahora. Cp. John R.W. Stott, *La misión cristiana hoy* (Buenos Aires: Certeza, 1977), pp. 109-134. En la teología bíblica, términos como "salvación" y "reino de Dios" representan realidades sumamente complejas y multifacéticas. Descuartizarlas fríamente no preserva nada de la ortodoxia y mata la ortopraxis. Desde el bebé preservado por la sabiduría salomónica (1 R. 3:16-28) hasta el matrimonio en la enseñanza de Jesús (Mt. 19:6), la Biblia nos exhorta a no hacer dicotomías donde Dios ha creado unidades vitales. George E. Ladd, *Jesus and the Kingdom* (New York: Harper & Row, 1964); Herman

Ridderbos, *The Coming of the Kingdom* (Philadelphia: The Presbyterian and Reformed Publishing Co., 1962).

4. William F. Arndt y F. Wilbur Gingrich, *A Greek-English Lexicon of the New Testament and other Early Christian Literature* (Chicago: University of Chicago Press, 1957), p. 362s. "Persecution, Tribulation, Affliction", en *Dictionary of New Testament Theology*. Tomo II, editor Colin Brown (Grand Rapids: Zondervan, 1976), p. 807. Cp. Schlier, *Thlípo, Thlipsis* en *Theological Dictionary of the New Testament*, Tomo III, editor Gerhard Kittel (Grand Rapids: Eerdmans, 1965), p. 139.

5. Hemos revisado las siguientes traducciones: RVR, VP, BJ[3] y NBE. Ninguna tradujo *thlipsis* por "opresión". El verbo *thlíbo* se traduce por "oprimidos" solamente en BJ[3] de He. 11:37, tal vez motivado por el vínculo directo con la pobreza en el contexto y por referirse a los santos del Antiguo Testamento.

6. Juan B. Stam, "El Apocalipsis y el imperialismo" en *Capitalismo: Violencia y Anti-vida*, Elsa Tamez y Saúl Trinidad, editores (San José: DEI-EDUCA, 1978), Tomo I, 359-394.

7. "El vínculo entre la tribulación y la pobreza sugiere una conexión íntima entre las dos. En un ambiente hostil sería difícil para los cristianos tener trabajo fijo, y así muchos quedarían económicamente empobrecidos. Además hubieran podido ser víctimas de violencia y despojo (cp. He. 10:34)"; Robert H. Mounce, *The Book of Revelation* (Grand Rapids: Eerdmans, 1977), p. 92.

8. Philip Edgcumbe Hughes, *A Commentary on the Epistle to the Hebrews* (Grand Rapids: Eerdmans, 1977), pp. 10-32.

9. Hughes, *Hebrews,* pp. 426-431.

10. J.B. Lightfoot, *Biblical Essays* (London: Macmillan, 1893), p. 247s.

11. Kittel, *TDNT,* III, 147.

12. Kittel, *TDNT,* III, 140 y Brown, *DNTT,* II, 807, dan muchos

otros datos sobre raíces hebreas para opresión traducidas por *thlipsis* y *thlíbo*.

13. Kittel, *TDNT*, III, 143, citando Jn. 16:33; Hch. 14:22; 1 Ts. 3:2-3; cp. 2 Ti. 3:12.

14. Kittel, TDNT, III, 146s. y Brown, *DNTT*, II, 807 señalan otros términos griegos pertinentes: *'anángke, stenochoría, stenochoréo, lúpe, diogmós, dióko*, etc.

15. La palabra *thlipsis* ("opresión, aflicción") ocurre seis veces en Hechos (7:10-11; 11:19; 14:22; 22:23). Pero no ocurre en Lucas, mientras que los otros Evangelios Sinópticos la tienen siete veces (Mt. 13:21 // Mr. 4:17; Mt. 24:9, 21, 29 // Mr. 13:19, 24).

16. F.F. Bruce, *¿Son fidedignos los documentos del Nuevo Testamento?* (San José: Editorial Caribe, 1957), pp. 79-86.

17. F.F. Bruce, *Commentary on the Book of the Acts* (Grand Rapids: Wm. B. Eerdmans, 1954), pp. 2-24. Ernst Haenchen, *The Acts of the Apostles* (Philadelphia: The Westminster Press, 1971), pp. 102-103.

18. Juan Luis Segundo, *Liberación de la teología* (Buenos Aires: Ediciones Carlos Lohlé [Cuadernos Latinoamericanos] 1973, 1975), p. 84.

19. *Ibid.*, p. 128.

20. Para más detalles en la interpretación de este texto véase la exégesis en el capítulo IV.

21. Ridderbos, *Kingdom*, pp. 190-191. Debemos notar otra vez cuán lejos está esta interpretación íntegra de la conclusión dicotomista que hace Juan R. W. Stott, cuando afirma rotundamente que la salvación en el Nuevo Testamento "no es liberación socio-política". Cp. Stott, p. 118s.

22. "Poor" en *Dictionary of New Testament Theology*, Tomo II, Ed. Colin Brown (Grand Rapids: Zondervan, 1976), pp. 820-829.

23. *Liberación de la teología*, p. 127.

24. Véase Ef. 6 y el tema de los poderes. Albert H. Van-Den Heuvel, *Estos Rebeldes Poderes* (Montevideo: ULAJE, 1967); Marcus Barth, *Ephesians* en *The Anchor Bible* (Garden City, New York: Doubleday, 1974), II, pp. 800-805.

25. Aunque no se presentan con tanta regularidad, encontramos muchos de los mismos elementos también en el Evangelio de Lucas. Por ejemplo en Lc. 9:1-19 Jesús envía a los doce para sanar y proclamar el reino (1-2), a identificarse plenamente con los pobres en su estilo de vida (3-5); la noticia de la proclamación y los milagros provocan a Herodes (7-9).

26. Debemos recordar que en la teología bíblica existe cierto vínculo entre la opresión y la persecución, aún con base lingüística (véase el estudio de *thlipsis* y *thlíbo* arriba).

27. Acerca de todo el tema, véase K.F. Nickle, *The Collection: A Study in Paul's Strategy* (London: SCM Press, 1966 [SBT]).

28. *Dictionary of New Testament Theology* II, 295-304; Mt. 5:5, 10; Ro. 4:13; 1 P. 1:14.

29. Cp. también Col. 1:12-14.

30. *Pace* Stott, *Christian Mission*.

31. Segundo, *Liberación de la teología*, pp. 130ss.

32. Véase Eduardo Galeano, *Las venas abiertas de América Latina* (México 20, D.F.: Siglo Veintiuno editores, S.A., 1973²).

33. Elsa Tamez, *La Biblia de los oprimidos* (San José: DEI, 1979).

34. Segundo, *Liberación de la teología*, p. 16.

35. *Biblia y Liberación* (Bogotá: Ediciones Paulinas, 1976), p. 11.

36. Podemos comparar la primera de dos condiciones que Juan

Luis Segundo juzga necesarias para lograr un "círculo hermenéutico" en la teología: "Que las preguntas que surjan del
presente sean tan ricas, generales y básicas, que nos obliguen
a cambiar nuestras concepciones acostumbradas de la vida,
de la muerte, del conocimiento y de la sociedad", *Liberación
de la teología*, p. 13.

37. David H. Kelsey, *The Uses of Scripture in Recent Theology*
(Philadelphia: Fortress Press, 1975), p. 23. No creemos que
James Barr sea justo con Warfield al tratarlo como una especie de chivo expiatorio para todo lo malo en la teología
conservadora, *Fundamentalism* (London: SCM Press, 1978),
pp. 260-269 y *passim*. Mientras que Hodge sigue representando la teología dogmática del siglo XVII, en Warfield empezamos a respirar el aire fresco de la teología bíblica. Es cierto
esto incluso en el caso del tomo sobre la inspiración y mucho
más en sus otros escritos, que Barr no tomó en cuenta.

38. James Barr aduce bastantes pruebas para mostrar que muchas
veces la diferencia entre "liberales" y "conservadores" no es
tanto en *qué* creemos, sino en *cuándo* creemos. Los conservadores llegan a aceptar muchas conclusiones "liberales", pero
10, 50, 100 años —o aun siglos— después. No son muy crea-
tivos en la teología: sirven más como anclas que como velas.
Sin embargo, tienen mucho valor y juegan un papel esencial
en la vida de la iglesia (Ef. 4:14), a pesar de las críticas que
Barr hace. Aunque admiramos la creatividad de muchos eru-
ditos liberales, hay que reconocer que muchos de los "globos
de prueba" que lanzan quedan sumergidos en el mar sin
poder aterrizar en París. Mientras tanto la iglesia tiene que
alimentarse con comida sólida (He. 13:9), no con "globos
de prueba". *Fundamentalism* (Philadelphia: Westminster
Press, 1978), *passim*.

39. Segundo, *Liberación de la teología*, p. 14.

Segunda parte
Opresión y liberación
en Isaías y Lucas

3

Siervo oprimido,
pueblo liberado:
Una relectura de Isaías 53
desde América Latina

Introducción

El amplio y fuerte vocabulario de opresión en el Cuarto
Canto del Siervo sugiere que el poema surgió en un contexto de pobreza, tortura, y conflicto entre opresor y oprimido. Westermann parece representar la opinión común cuando afirma que el Cuarto Canto del Siervo es "probablemente la obra de un discípulo" del Deutero-Isaías.[1] No podemos negar la posibilidad de que Deutero-Isaías fuera su autor, pero el Cuarto Canto nos presenta una teología del
sufrimiento muy desarrollada, con un vocabulario bastante distinto,[2] y además parece estar insertado en el libro de
una manera que rompe bruscamente con el contexto.
Existen vínculos con el contexto pero son más de contraste que de continuidad.

El cuerpo del Cuarto Canto (2-9; 10-11a) parece ser un
salmo individual de acción de gracias, o un salmo declara-
tivo de alabanza, que nos habla de opresión y de liberación. Pero el Canto difiere de este género en tres maneras: (1) el narrador no es el que sufre sino un grupo ("no-

sotros") que cuenta la historia del sufrimiento en tercera persona; (2) los que narran la opresión y la liberación del Siervo han experimentado —ellos mismos— la liberación por medio de los sufrimientos del Siervo; (3) en los salmos el sufrimiento contado siempre tiene sus límites: el Canto, sin embargo, nos cuenta toda una vida (creció, sufrió, murió y fue exaltado).[3] En el Primer Canto del Siervo es Dios quien habla; en el Segundo y Tercero es el Siervo mismo; en el Cuarto tenemos algo más complejo y dramático: primero Dios habla de su Siervo (52:13-15); luego "nosotros" (53:1-10); y concluye Dios (53:11-12).

El desarrollo y la complejidad del género parece confirmar que el Cuarto Canto es de otro autor. Si es del mismo Deutero-Isaías por lo menos representa una gran evolución en su pensamiento y estilo y debe ser de una fase posterior de su vida.[4] Si Deutero-Isaías predicó en Babilonia entre las primeras victorias de Ciro, en 550 a.C., y el edicto liberador de 538, que autorizó los primeros regresos, probablemente debemos fechar el Cuarto Canto después de su muerte.

Una nueva traducción

52:13 [Yahveh dice:] Miren lo bien, que mi Siervo actuará sabiamente, y así tendrá éxito.

14 Como muchos quedaron espantados al verlo
    (pues tenía el aspecto tan desfigurado
    que ya no parecía un ser humano:

15   así rociará a muchas naciones)
    Ante él los reyes cerrarán la boca,
        porque lo que nunca se les contó verán
        y lo que nunca oyeron reconocerán.

53:1 [El pueblo responde:] ¿Quién ha creído a nuestro anuncio?
    Y el brazo de Yahveh ¿a quién se le reveló?

2   Pues ante El creció como un retoño,
        como raíz en tierra árida.

No tenía gracia ni belleza para que nos fijáramos en él
Tampoco tenía aspecto que pudiéramos apreciar.

3 Despreciado y desecho de hombres,
   hombre de *dolores* y muchas veces *enfermo*,
   como uno ante quien se oculta el rostro,
   Despreciado, y no le tuvimos en cuenta.

4 Sin embargo, eran nuestras *enfermedades* las que él llevaba,
   eran nuestros *dolores* los que soportaba,
   Y nosotros le creímos *leproso*,
   azotado por Dios y *opresivamente humillado.*

5 Pero él fue traspasado por nuestras rebeliones,
   pulverizado opresivamente por nuestras iniquida-des,
   El soportó el castigo que nos trae la paz,
   y por sus cardenales hemos sido *curados.*

6 Todos nosotros como ovejas erramos,
   cada uno marchó por su camino,
   Y Yahveh hizo cargar sobre él
   el castigo que merecimos todos nosotros.

7 Fue deshumanizado por la *opresión, humillado opre-sivamente,*
   Pero no abrió la boca.
   Como un cordero al degüello era llevado,
   y como oveja que ante los que la trasquilan está muda,
   Tampoco él abrió la boca.

8 Tras *opresión* y juicio fue arrebatado,
   y de sus contemporáneos, ¿quién se preocupa?
   Lo arrancaron de la tierra de los vivos
   por las rebeliones de mi pueblo ha sido azotado.

9 Entonces se le asignó su sepultura entre los impíos,
   y su tumba estuvo con los ricos,
   a pesar de que nunca cometió violencia
   y nunca salió engaño de su boca.

10 Mas plugo a Yahveh *pulverizarlo opresivamente,* ha-
ciéndolo *enfermo,*
  mientras él puso su vida como sacrificio propiciatorio.
  Tendrá hijos y prolongará sus años;
  lo que Yahveh quiere tendrá éxito por su mano.
11 [Yahveh dice:] por las fatigas de su vida,
  verá luz y se saciará.
  Por su comprensión de mis caminos
  mi Siervo Justo justificará a muchos,
  porque el castigo de ellos él soportó
12 Por eso le daré herencia para compartir entre muchos
  y él repartirá los despojos con los vencedores,
  Porque derramó su vida hasta la muerte
  y tomó el lugar de los rebeldes;
  Pues él sufrió el castigo de los muchos,
  y se interpuso como mediador por los rebeldes.

1. La perspectiva pentecostal: enfermedad-curación

El artículo 12 de las Asambleas de Dios expresa sucin-
tamente la doctrina pentecostal en cuanto a la "sanidad
divina": "La liberación de enfermedad está incluida en la
obra redentora de Cristo, y el privilegio de todo creyente
(Is. 53:3-4; Mt. 8:16-17)[5]." Basadas en esta doctrina, las
iglesias pentecostales se han dedicado a campañas evange-
lísticas de curación como estrategia de su crecimiento
en América Latina. Por supuesto, este énfasis ha provocado ciertas críticas, especialmente cuando se ha llegado al
extremo de criticar a todos los no curados por una supues-
ta falta de fe.[6]

Tal vez en parte por temor de estos extremos, las traducciones comunes del Cuarto Canto no han expresado abiertamente toda la fuerza del lenguaje hebreo sobre la enfer-

medad y la sanidad. Una excepción parcial sería la versión de Schökel que dice en 4b:

"Nosotros lo estimamos leproso[7] [*ng'*], herido de Dios y humillado". Esta traducción se basa en la Vulgata y en la hipótesis de Duhm (1892) quien además de postular la distinción entre Deutero- y Trito-Isaías y aislar los Cuatro Cantos del Siervo, concluyó que el Siervo descrito en el Cuarto Canto era un rabí leproso.[8]

La hipótesis de Duhm de que el Siervo sufrió de lepra, o por lo menos de otra enfermedad parecida, está ampliamente sostenida en el texto hebreo. Como afirma la RVR en 4a: "Ciertamente llevó él nuestras *enfermedades* [*holi*], y sufrió nuestros *dolores* [*mac'ob*]". Lo que ocultan muchas traducciones es que son precisamente estas mismas palabras las que ocurren en 3b, que debemos traducir: "hombre de *dolores,* familiarizado con la *enfermedad",* con una estructura de quiasmo. La palabra *holi* quiere decir sencillamente "enfermedad".[9] El proceso de espiritualización ya empezó con la LXX, que tradujo Is. 53:4a "El llevó nuestros *pecados"* [*hamartías*]. Lo perjudicial de la traducción se ve en el hecho de que la LXX en ningún otro texto traduce *holi* por "pecado".[10] Mateo, al citar el texto, rompió con la tradición espiritualista de la LXX y tradujo: "El tomó nuestras *debilidades* y llevó nuestras *enfermedades"* (8:17). A pesar del significado claro del hebreo y la autoridad de Mateo, las traducciones cristianas tienden a buscar salidas para huirle al sentido literal: RVR 3b "quebranto", BJ3 3b y 4a "dolencias"; NBE 3b y 4a "sufrimientos"; BL 3b "sufrimiento" y 4a "dolencias". Así pues, aunque el texto hebreo dice explícita y claramente que el Siervo sufrió mucha enfermedad, las traducciones cristianas buscan subterfugios, seguramente influidas por el hecho de que los Evangelios no nos cuentan nada de enfermedades en la vida de Jesús, y tal vez por temor a ciertos extremos pentecostales.

La otra palabra que se usa en quiasmo en Is. 53:3-4 es *mac'ob*, que RVR, BJ3, BL y NBE traducen bien como "dolores". Por su nexo con *holi*, enfermedad, debemos entender dolor en su primer significado de dolor físico, y no como congoja emocional. En este caso las traducciones en castellano corrigen el prejuicio del léxico, porque KB², aunque da como definición *"Schmerz, pain* [dolor]" hace excepción única en el caso de Is. 53:3 y sugiere *"man of sorrows* [hombre de congoja, tristeza]" como traducción (*"Mann der Schmerzen"*, alemán).

Las palabras que más fuertemente sugieren que el Siervo sufrió de lepra ("nosotros lo estimamos leproso" NBE, 4c) son el verbo *naga'* ("tocar, herir" KB², p. 593) en 53:4c y el sustantivo relacionado, *nega'* ("golpe, plaga" KB², p. 593s.) en 53:8d. En el caso del sustantivo la traducción "lepra" se justifica por el hecho de que de unos 70 usos en el Antiguo Testamento, 54 ocurren en Lv. 13-14, donde se refieren explícitamente a la lepra. El verbo *naga'*, sin embargo, no se usa en estos capítulos. Por eso cuesta entender por qué NBE usa la palabra "leproso" para traducir el verbo en 53:4c, pero traduce el sustantivo en 8d como "hirieron" (seguramente el traductor presupone una confusión entre verbo y sustantivo en el texto hebreo).[11]

Además del vocabulario, el texto sugiere una enfermedad como la lepra cuando describe las reacciones humanas hacia el Siervo. En 52:14 leemos:

pues tan desfigurado tenía el aspecto que no parecía hombre, ni su apariencia era humana.

Además 53:3 habla de:

uno ante quien se oculta el rostro.

Por ser poético el Canto no dice explícitamente que el Siervo fuera leproso. Pero por su vocabulario cargado de términos relativos a enfermedad y con descripciones de las reacciones humanas, parece indicarse claramente algo como la lepra.

La última referencia a la enfermedad del Siervo ocurre en 53:10a, que dice literalmente:

Mas plugo a Yahveh quebrantarle, hacerle enfermo [*heheli, hifil* pf. de *hl'* o *hlh;* KB², p. 298 y 300].

El verbo *hlh* está relacionado con el sustantivo *holi* (traducido como "enfermedad" en 3b y 4a).

Además del vocabulario para enfermedad, tenemos que se afirma la curación del pueblo como resultado de las enfermedades del Siervo:

con sus cardenales hemos sido *curados* [*raph'a*], 53:5d.[12]

En resumen podemos decir que en el Cuarto Canto del Siervo encontramos por lo menos seis palabras para enfermedad y sanidad (no contamos *shalom),* usadas un total de 8 veces. Además tenemos 3 versos (52:14bc y 53:3c) que expresan la reacción humana frente a uno que está gravemente enfermo y desfigurado. Así, cuando Mateo (8:17) traduce el hebreo de Is. 53:4 literalmente y relaciona al Siervo "enfermo-sanador" con Jesús en su ministerio de curar a los enfermos, no se está fijando en un elemento secundario en la descripción del Siervo, sino en uno de los rasgos principales. Podemos decir que Mateo parece haber encontrado evidencia adicional para ver el cumplimiento del Siervo en Jesús, precisamente en el aspecto en que el lector moderno encuentra la dificultad más grande para aceptar tal identificación.

De todos modos es evidente que la afirmación pentecostal de que la curación es parte del evangelio, y profundamente arraigada en los sufrimientos del Siervo encuentra amplia base en el texto hebreo del Cuarto Canto. Sin duda existen peligros y extremos en las campañas masivas de sanidad pentecostal. Pero Is. 53 y Mt. 8:17 no nos dejan en libertad para ir al otro extremo y eliminar de nuestro evangelio la importancia de curar a los enfermos.[13] E.J. Young analiza bien el sentido literal del hebreo sobre la enfermedad, pero concluye "el cuadro aquí no es de uno que tiene el cuerpo debilitado por enfermedad física, porque la palabra "enfermedad" aquí representa el pecado.[14] Tal espiritualización no toma en cuenta el carácter sintético del pensamiento hebreo ni el fondo de las bendiciones y maldiciones del pacto (Dt. 28; Lv. 26). La obra del Siervo en el Cuarto Canto hace posible que el pueblo experimente otra vez todas las bendiciones del pacto y, como bien dice el salmista, Yahveh es quien

> perdona todas tus iniquidades,
> El que sana todas tus enfermedades (103:3).

2. La tradición evangélica: sustitución penal-justificación forense

En este contexto, por tradición "evangélica" entendemos no sólo el protestantismo histórico, sino también los elementos evangélicos en la tradición católica (Agustín, Anselmo, Tomás de Aquino), porque en la interpretación del Cuarto Canto del Siervo tienen tanto en común que no nos parece necesario tratarlos por separado. Aunque Jon Sobrino y otros críticos de la teología evangélica han tratado de crear la impresión de que esta doctrina fue invención de San Anselmo, estudios más cuidadosos han demostrado que tiene raíces patrísticas;[15] está afirmada en San Agustín *(Enchiridion),*[16] se encuentra desarrollada en profundidad en Lutero,[17] Calvino[18] y Wesley.[19]

Además la doctrina evangélica está incluida en las grandes confesiones y los catecismos, especialmente de la época de la Reforma (Heidelberg, Q. 12-18; 39 Artículos de la Iglesia Anglicana, Art. XXXI; El Catecismo Mayor de Lutero, Credo: Artículo II; la Confesión de Westminster VII:5). En la época moderna recibe confirmación de teólogos como Karl Barth,[20] Emil Brunner,[21] G.C. Berkouwer,[22] y Wolfart Pannenberg,[23] y sostén exegético de Leon Morris[24] y C.E.B. Cranfield.[25]

2.1 El problema humano: rebeldía, individualismo, alienación

En la interpretación del Cuarto Canto el mayor aporte evangélico ha sido el reconocimiento del "pecado" como la raíz del problema humano. Toda la teología del pacto en el Antiguo Testamento (Lv. 26; Dt. 28) confirma la convicción evangélica de que el problema mayor de Israel en el exilio en Babilonia no fue el exilio en sí sino la apostasía que lo causó. Así, en Segundo Isaías en su forma final, la solución principal no es la redención de Babilonia sino la redención del pecado, no el volver a Palestina sino el volver a Dios. Sin embargo, cuando estudiamos la teología del "pecado" y del arrepentimiento en este contexto, podemos ver que la visión evangélica estrecha, a pesar de sus elementos válidos, no percibe en forma adecuada la enseñanza del Cuarto Canto sobre el tema.

En primer lugar, la palabra preferida para expresar el problema humano en el Cuarto Canto no es "pecado" [*hata'*, 12c "él llevó nuestro pecado"], sino "rebeldía" [*pesha'*], término político que expresa la rebeldía del súbdito (sea individuo o nación) que rompe la solidaridad de una alianza o pacto:

El ha sido herido por nuestras *rebeldías* (53:5a)
por las *rebeldías* de su/mi pueblo ha sido herido (8d)
y con los *rebeldes* fue contado (12d)
e intercedió por los *rebeldes* (12f).

La otra palabra preferida para expresar el dilema humano es "iniquidad" [*'awon*] la alienación amarga que resulta de la rebeldía. Esta palabra ocurre 3 veces:

molido por nuestras *iniquidades* [BJ3 "culpas"] (5b)
Yahveh descargó sobre él la *iniquidad* de todos nosotros (6d)
las *iniquidades* de ellos él soportará (11c).

Además de las palabras explícitas *(pesha', 'awon, hata')*

el problema humano se describe con la imagen de ovejas
tontas y egoístas:

Todos nosotros como ovejas *erramos (ta'ah)*

cada uno marchó por su camino (6ab).

El Cuarto Canto señala, pues, cómo la raíz del problema
humano es precisamente el egoísmo individualista que el
capitalismo exalta como la base de una "economía cristiana".[26]

Para entender bien el análisis del Cuarto Canto sobre el
problema humano, tenemos que preguntar *¿quiénes* son
los culpables? El Canto habla básicamente de dos grupos,
sin identificarlos explícitamente: los "muchos" y "nosotros". Al analizar el uso de estos términos encontramos
una respuesta que aclara bastante el mensaje del Canto.

"Los muchos" [*rabbim*] ocurre solamente en la introducción y conclusión, donde habla Dios. Se usa primero en
52:14a:

Así como se asombraron de él [el Siervo] *muchos*.

Por el contexto parece referirse a las naciones, porque
leemos en 52:15a:

Así el [Siervo] rociará a *muchas naciones* [*goyim
rabbim*].

En la conclusión, donde Dios habla otra vez, el Canto
vuelve a referirse a estos "muchos":

Justificará mi Siervo a *muchos* [*rabbim*]

y las iniquidades de ellos él soportará (11cd).

Por eso le daré su parte entre los *muchos* [*rabbim;*
BJ3 "grandes"]

Y él el pecado de *muchos* [*rabbim*] llevó (12ae).

Así pues, la introducción y la conclusión del Canto
(donde habla Dios) aluden al alcance *universal* de la obra
del Siervo.[27]

Sin embargo, en todo el cuerpo del Canto (53; 1-10; esp.
1-6), habla otro grupo —"nosotros". ¿Quiénes son? ¿Pueden ser las mismas naciones que hablan de Israel como del
siervo que sufre por ellos? Como señala Delitzsch, cuando

un "nosotros" se introduce de repente en la profecía, se refiere a Israel (42:24; 64:5; 16:6; 24:16).[28] En este contexto, el contraste entre las naciones (ignorantes y mudas, 52:15) y "nosotros" (testigos oculares, pero sin discernimiento, 53:1-4) hace imposible la identificación de los dos grupos. También tenemos la identificación sugerida en el v. 8:

Fue arrancado de la tierra de los vivos;
por las rebeldías de *su/mi pueblo* ha sido herido.

Pero si Israel habla aquí como "nosotros" no puede ser también el Siervo.

Entre el grupo de "nosotros" no hubo excepciones:

Todos nosotros como ovejas erramos
cada uno marchó por su camino
y Yahveh descargó sobre él
la culpa de *todos nosotros* (53:6).

Israel, entonces, confiesa ser rebelde como las naciones (4-7), pero Dios anuncia que, por obra del Siervo, las naciones serán rociadas como Israel (52:15).

Surge la pregunta de si el Siervo tuvo o no pecado. Mowinckel insiste en que lo tuvo, porque en el pensamiento del Antiguo Testamento ningún ser humano está sin pecado.[29] El Canto lo llama "justo" (53:11c, RVR) y dice que "no hizo violencia ni hubo engaño en su boca" (9cd), pero estas expresiones las podemos entender de una manera relativa. Sin embargo, dos factores pueden sugerir que el Siervo vivió sin pecar (o por lo menos dejan abierta esta posibilidad):

(a) El contraste marcado entre el Siervo y "todos nosotros" (53:6).

(b) Su sacrificio (10c) y sustitución por los pecadores (53:4-6). ¿Cómo pudo el Siervo morir vicariamente por los pecadores si él mismo era culpable? Los animales sacrificados en el Antiguo Testamento tenían que estar "sin mancha".

2.2 Sustitución penal

El Cuarto Canto, pues, analiza el problema humano básico como la rebeldía, el egoísmo, el individualismo, la fragmentación de la solidaridad del pacto, la separación y la alienación de los miembros de la comunidad. Es un problema universal que afecta tanto a Israel (nosotros) como a las demás naciones (los muchos). ¿Qué hicieron Dios y su Siervo para contrarrestar todo esto? El núcleo de la respuesta del Cuarto Canto se encuentra en una serie de afirmaciones, alusiones e imágenes, que podemos resumir diciendo que el Siervo se identificó con los hombres en su estado de rebeldía y alienación y sufrió en su lugar el castigo y juicio divinos.

(a) Primero lo vemos en las solemnes afirmaciones de 53:5-6:

El ha sido herido por nuestras rebeldías
molido por nuestras iniquidades.
El soportó el castigo [*musar*] que nos trae la paz
y con sus cardenales hemos sido curados . . .
Yahveh descargó sobre él
la culpa de todos nosotros.

Es imposible negar que estos versículos interpretan la obra del Siervo en términos de sustitución penal. Como afirma Westermann, el Siervo lleva los pecados de otros y "el castigo que resulta de ellos".[30]

(b) El sentido de la muerte del Siervo recibe ulterior confirmación cuando se dice que se "da a sí mismo [*nefesh*] como sacrificio de reparación/culpa [*'asham*]. ¿Por qué escogió el autor del Canto este sacrificio para expresar el sentido de la muerte del Siervo? Mucho se ha escrito para tratar de aclarar el sentido del sacrificio *'asham* en el Antiguo Testamento; también para distinguirlo de los demás sacrificios, en especial del sacrificio por el pecado (Lv. 4) con el cual el sacrificio *'asham* comparte muchas características. Sin entrar en todas las teorías y detalles de interpretación podemos sugerir que el sacrificio *'asham* es apropiado porque es el sacrificio invariable que se ofrecía cuando un sacerdote había declarado limpio (justificado) a un leproso y lo había rociado con la sangre sacrificial (Lv. 14:7, 12-17, 21, 24-29).[31] También es apropiado el sacrificio *'asham* porque asegura perdón aun por los pecados inconscientes (cp. las ovejas tontas en Is. 53:6).[32] Además es el sacrificio de "reparación" que señala la plena satisfacción por el pecado.[33] Hay, pues, abundantes razones teológicas que explican la referencia al sacrificio *'asham;* se debe agregar, sin embargo, que ciertos motivos poéticos podrían haber influido en la selección de palabras. El resultado es un verso de belleza excepcional hebreo:

im-tasím 'ashám nafshó.

Como todos los sacrificios en Lv. 1-5, el sacrificio *'asham* era un sacrificio propiciatorio (Nm. 1:53; 16:46 y 18:5).[34] Por ello responde al problema de la ira de Dios mencionado repetidas veces en el contexto de Segundo Isaías (43:13, 25; 47:6; 48:9; 51:17, 20, 22; 54:8-9; cp. 34:2). Bien puede concluir García Cordero que "los sufrimientos del Siervo han aplacado la ira divina".[35]

(c) La interpretación de la muerte del Siervo como sustitución penal se confirma también por los textos que afirman que él *llevó los pecados* de los demás. Más explícita es la conclusión del Canto, donde leemos:

Por su conocimiento justificará mi Siervo justo a muchos

y las *culpas* de ellos él las *soportará* [saba]; cp. 53:4b (11cd),

con los rebeldes fue contado [*manah, nifal*]

y él llevó [*nasa';* cp. 53:4a] el pecado de muchos,

y por los rebeldes intercedió [*paga', hifil;* cp. 6c].

Con estas expresiones explícitas podemos comparar otras parecidas:

Eran nuestras enfermedades las que él llevaba
[*nasa'*]
y nuestros dolores los que soportaba [sabal]
(53:4ab)
El ha sido herido [*halal*] por nuestras rebeldías,
molido [*daca'*] por nuestras culpas.
El castigo [*musar*] que nos trae la paz (estuvo)
sobre él,
y con sus cardenales hemos sido curados (53:5).
Yahveh descargó [*paga', hifil,* "hizo cargar"] sobre él
la iniquidad de todos nosotros (53:6cd).
Por las rebeldías de mi/su pueblo el golpe [*nega'*] para
él (53:8d).
Mas a Yahveh le plugo quebrantarle [*daka'*], lo hizo enfermo (53:19ab).

Este concepto de llevar el pecado de otros se repite
en el Nuevo Testamento (1 P. 2:24; He. 9:28). Varios
autores han señalado que el sentido es obvio en el Antiguo
Testamento y que quiere decir "sufrir el castigo y las
consecuencias del pecado",[36] "sufrir las consecuencias
penales del pecado, y su maldición, que es la separación
de Dios".[37] Para sostener estas conclusiones se citan varios
textos del Antiguo Testamento que muestran claramente
el sentido: Nm. 14:33-34; Ez. 18:20; Dt. 21:23 (cp. Gá. 3:
13), Ex. 28:38; Nm. 18:1; Lv. 24:15-16, etc.[38]

2.3 La justificación forense

La tradición evangélica, además de considerar la rebeldía
contra Dios como el problema humano básico y de señalar
la obra del Siervo, entendida como sustitución penal, como la respuesta divina, insiste también en que el Cuarto
Canto habla de la justificación forense como aspecto básico de la obra del Siervo. El texto clave es Is. 53:11bc, traducido literalmente así:

Por su conocimiento justificará [*yatsdiq*, hifil]

mi Siervo Justo a muchos, y [o "porque"] llevará las iniquidades de ellos (RVR).

Las traducciones católicas modernas sostienen esta interpretación, aunque BJ y BL omiten la palabra "Justo" por considerarla repetición, y NBE une la palabra "conocimiento" con el verso anterior, donde coloca además la palabra "Justo" ("el justo se saciará de conocimiento"). Estas variaciones, sostenidas por muchas autoridades, no afectan el sentido básico de la justificación.

Mowincke y Westermann, sin embargo, proponen una interpretación muy distinta:

"Mi siervo *aparecerá como justo* ante muchos".[39]

La LXX y el comentario judío Soncino[40] presentan traducciones parecidas. Mowinckel y Westermann dicen que debemos entender el hifil de *tsdq* en este contexto como causativo *interno*. Además, citan a Is. 50:7-8, donde Dios justifica al Siervo: "El que justifica [*matsdiqi*, hifil, participio] está cerca".

Pero Is. 50:8 habla de la acción de *Dios* en justificar a su *Siervo;* 53:11 bien puede hablar de algo más: la acción del *Siervo* en justificar a los *muchos.* Esta última interpretación armoniza mejor con el verso paralelo en 53:11d, "porque las culpas de ellos él soportará". También el hifil suele ser simplemente causativo; un hifil interno es bastante raro.[41]

El sentido forense de la justificación se defiende también por el contexto sacerdotal del capítulo (los sacerdotes pronunciaron "limpios" a los leprosos; el sacrificio *'asham;* la acción de rociar las naciones).[42] Entendido así, 53:11cd complementa la enseñanza de sustitución penal con la afirmación de la justificación de los culpables, que Young bien califica como un "intercambio glorioso".[43] Podemos comparar las repetidas afirmaciones de perdón en Segundo Isaías (40:2; 43:25; 44:22; 55:6-7; cp. 47:11), que en el Cuarto Canto reciben su debida explicación.

Conclusión

Los énfasis y las preocupaciones de la tradición evangélica no agotan el sentido del Cuarto Canto. Pero al entusiasmarnos con las verdades y perspectivas complementarias del pentecostalismo y de las teologías de liberación, no debemos despreciar los elementos que han significado tanto para la fe cristiana a lo largo de los siglos. A pesar de los ataques racionalistas y de las negaciones y salvedades de las teologías liberales, el entender la muerte del Siervo como sustitución penal es más vital que nunca.

Los grandes evangelistas de todos los tiempos sabían que tenían que exaltar esta verdad para poder "hablar al corazón de Jerusalén" (Is. 40:2). Es la interpretación que ha inspirado a la mayoría de los grandes himnos sobre la muerte de Cristo, aun cuando no aparezca explícitamente en el texto (Isaac Watts, "La cruz excelsa al contemplar"). Su importancia en la teología cristiana, la evangelización y la piedad histórica se debe en parte a los siguientes factores:

(a) Conserva íntegra la teología bíblica en cuanto al carácter de Dios, su justicia perfecta (Ro. 3:24-26)[44] y santidad (características de suma importancia para la teología en América Latina).

(b) No solamente la justicia divina, sino también el amor de Dios se ve en forma más profunda cuando entendemos que el Siervo sufrió el infierno, la separación de Dios, en nuestro lugar (1 Juan 4:10).

(c) Nos permite comprender la seriedad del pecado y la ira divina contra éste como se nos presenta en las Escrituras.

(d) Sólo así podemos entender la necesidad de la encarnación y la muerte de Dios Hijo. Jon Sobrino se ha quejado de que esta "teoría . . . sabe demasiado".[45] Pero no sabe más de lo que las Escrituras afirman. "Las cosas secretas pertenecen a Yahweh nuestro

Dios; mas las reveladas son para nosotros y para nuestros hijos para siempre" (Dt. 29:29). No podemos negar esta interpretación de la muerte del Siervo sin negar lo que las Escrituras enseñan.

Por supuesto la historia de la teología y de la predicación y la piedad popular nos han mostrado que hay peligros en esta doctrina (como en cualquier otra), y que existen extremos que debemos evitar. Las perspectivas pentecostales y liberacionistas pueden ayudarnos a complementar la doctrina y evitar ciertos peligros y extremos. Pero no pueden desubicar la doctrina evangélica, ni negar el aporte que hace a la teología latinoamericana.

Excursus: "rociará"

El significado de la muerte del Siervo se pone de manifiesto también en la afirmación de 52:15a:

Así rociará [*yazzeh*, de *nazah*] muchas naciones.

A pesar de la claridad del texto hebreo, los comentarios y las traducciones han utilizado muchas alternativas. Al comparar las notas de BJ2 y BJ3 sobre el versículo se puede advertir un movimiento hacia la traducción correcta. En BJ2 la nota dice "se admirarán" según griego y latín; "hará saltar" hebr. En este verso hay dos errores, porque la Vulgata tradujo *Iste asperget gentes multas*, y el verbo hebreo es bien conocido. Se usa 22 veces en el Antiguo Testamento y siempre significa "rociar".[46] Podemos, pues, valorar la corrección en la nota de BJ3 que dice "se admirarán" griego; "rociará" (?) hebr. Solamente que la (?) existe sólo en la mente del compilador; el sentido del verbo hebreo es claro. Para apreciar el significado de la obra del Siervo al rociar a las naciones tenemos que recordar el contexto sacerdotal en que se mueve el autor del Cuarto Canto:

(a) Toda la obra del Siervo se resume y se explica en 53:10c, cuando dice que da su vida *(nefesh,* que incluye la sangre, Lv. 17:11) como *'asham,* literalmente "sacrificio de reparación/culpa" (cp. Lv. 5:14-26; 7:1-7; 14:14-31, etc.).

(b) Hemos advertido cómo el Cuarto Canto utiliza palabras asociadas con enfermedades, especialmente la lepra, para describir al Siervo. De los 22 casos en que aparece *nazah* (rociar) en el Antiguo Testamento, 15 están en Levítico,[47] donde se habla tanto de rociar con sangre (o aceite y agua) para purificar objetos y personas (el leproso, 14:7). Otros 4 usos se encuentran en textos sacerdotales parecidos en Números (8:7; 19:4, 18, 19). Además del uso en Isaías (52:15; 63:3), *nazah* ocurre solamente en 2 R. 9:33.

(c) La obra del Siervo de *justificar (tsadaq*, 53:11) también tiene sus raíces en el contexto sacerdotal, como lo ha demostrado von Rad.[48] Este señala sobre todo la imporcia de la actividad del sacerdote en declarar limpias o inmundas a personas como los leprosos (Lv. 14:7).

(d) El contexto inmediato anterior al Cuarto Canto es un llamamiento de separación y salida (de Babilonia) expresado en términos sacerdotales: "portadores del ajuar de Yahveh"; "no toquéis cosa impura" (52:11).

(e) El Siervo se compara con el cordero sacrificial (53:7), la oveja pascual para el Nuevo Exodo.

Así pues, a pesar de las traducciones modernas en castellano existen argumentos muy fuertes a favor del sentido del hebreo. Aunque la LXX tradujo "se admirarán" [thaumásontai], el TM está refrendado por los Rollos del Mar Muerto (IQIs[a] y [b]), el Manual de Disciplina (iv.21 cp. iii.1); Siríaco y Aquila. Entre las autoridades modernas que apoyan la traducción "rociará" están Edward J. Young; T.C. Vriezen; James Muilenburg;[49] von Rad;[50] los léxicos de Köehler y Holladay; y el artículo *'rantídzo, rantismós"*, por Hunzinger en TDNT.[51]

El único argumento de peso (además de la LXX) contra el sentido literal del TM es que se espera una expresión que sea paralela con 52:15B "ante él cerrarán los reyes la

boca". Pero si aceptamos la versión de la LXX para hacer
de 15a y b versos paralelos, dejamos sin paralelo a 14a: re-
solvemos un problema pero creamos otro. Como ha mostrado Young[52] la sintaxis hebrea y la estructura de la poesía es más compleja aquí. Siguiendo el TM y respetando la
sintaxis hebrea podemos entender el texto así:

52:14a como [ca'asher] se asombraron de él muchos
(protasis)
14b (tan [ken] desfigurado tenía el aspecto que no parecía hombre ni su apariencia era humana)
15a —así [ken] rociará muchas naciones—
15b ante él cerrarán los reyes la boca (apodosis).

Aunque la mayoría de los versículos del Canto nos dan
pares de versos en paralelismo, 52:14-15 no es la única excepción. Los vv. 7 y 11 también presentan irregularidades,
y el v. 7-8a ofrece un patrón algo parecido, un tipo de inclusión: 7a // 8a; 7b // 7e; 7c // 7d.

3. La teología latinoamericana (y el judaísmo): opresión-liberación.

Por supuesto, no podemos negar que existen grandes di-
ferencias entre el judaísmo y las teologías de liberación.
Sin embargo, en la interpretación del Cuarto Canto, nos
conviene tratarlos juntos, porque comparten muchas preocupaciones y perspectivas comunes, especialmente las que
surgen de la insistencia en que interpretemos los textos del
Antiguo Testamento contextualmente, sin importar las
preguntas y perspectivas que surgen de la filosofía griega o
del Nuevo Testamento.

3.1 El Siervo e Israel

Aunque después de Cristo ha prevalecido entre los judíos la interpretación colectiva, siempre hubo otra tradición que entendió al Siervo del Cuarto Canto como el
Mesías (LXX, Targum, varios rabinos).[53] Se puede afir-

mar que el Siervo del Cuarto Canto llega a ser una *persona* y, desde la perspectiva del autor del Canto, una figura *futura*.[54] Pero la interpretación colectiva sigue teniendo validez para contrarrestar la tendencia a imponer una interpretación *individualista,* que considera al Siervo como divorciado de Israel y sin vínculo con él. El Canto define el individualismo egoísta como la esencia del pecado (53:6), y las teologías de liberación nos advierten contra la tendencia griega de crear dicotomías donde Dios ha establecido unidades vitales.

Segundo Isaías (40-55) en su forma final hace imposible que pensemos en el Siervo como en un individuo desvinculado de Israel. La palabra "siervo" ['*ebed*] es una expresión favorita del autor, se encuentra 21 veces. Fuera del Cuarto Canto siempre se refiere a Israel (o en dos versículos al remanente fiel en él, 49:5-6). En Trito-Isaías la palabra "siervo" ocurre 10 veces, y 9 de ellas se refieren a Israel (56:6 habla de los prosélitos). En el Cuarto Canto el Siervo crece en medio de "nosotros" como "retoño" [*yoneq*] del árbol (la nación) cortado (exiliado), 53:2; cp. 6:13; 11:1; Jer. 23:5-6. Se describe como "raíz de tierra árida", referencia a la ubicación del Siervo con su pueblo en el exilio (44:1-3). La teología cristiana, insistiendo en la deidad de Cristo, no tiene dificultades en pensar que una persona (siendo Dios y hombre) sufra el castigo y juicio de los pecados de muchos. Pero desde la perspectiva del autor del Canto, el Siervo, por todos sus rasgos personales, tenía que mantener su vínculo vital con la colectividad de Israel. Como concluye H.H. Rowley, debemos admitir, incluso en el Cuarto Canto, un movimiento pendular entre una persona e Israel, basado en el concepto de "personalidad corporativa".[55] No es suficiente, siguiendo a Delitzsch y North, que pensemos en una sencilla progresión lineal, con el Siervo como Israel (42), el remanente fiel (49), el profeta (50), y una persona futura (53).[56] Rowley señala cómo el Nuevo Testamento mismo muestra que, después de una contracción del Siervo a Jesús, hubo otra vez una expansión (péndulo) en la doctrina de la Iglesia: Fil. 3:10; Ro. 8:17; Col. 1:24; Gá. 2:20.[57] En el Cuarto Canto el Siervo al principio se ve solo en su exaltación (52:13), pero en la conclusión está plenamente identificado otra vez con su pueblo, repartiendo con ellos los despojos del triunfo (53:12ab; cp. Lc. 11:22; Ap. 2:7, 11, 17, 26-28; 3:6, 12, 21). Aun en su forma más extrema, pues, la insistencia del judaísmo en una interpretación colectiva puede protegernos de una interpretación exclusiva y exageradamente individualista. Y las teologías de liberación, en diálogo con el marxismo, añaden su voz a la advertencia contra las dicotomías y tendencias individualistas en la iglesia. Nos hacen recordar que el Siervo del Cuarto Canto vino a librarnos de nuestro egoísmo individualista (53:6) no a confirmar nuestros prejuicios de este tipo. Y que la revelación del Cuarto Canto (revelación cumplida, pero no superada aún en el Nuevo Testamento) no se le da a la iglesia, sino a un profeta de Israel —y precisamente en la época cuando la nación pasaba por las aguas profundas del sufrimiento en el exilio. Una iglesia que, desde Constantino, ha estado demasiado identificada con los ricos y poderosos, y no con el sufrimiento de los pobres y oprimidos, jamás debe despreciar lo que nos dice la sinagoga en cuanto al Cuarto Canto y la experiencia amarga del sufrimiento nacional.

3.2 Opresión y revolución

Como ya hemos señalado, mucho del sufrimiento del Siervo en el Cuarto Canto se describe en términos de una enfermedad, la lepra. Pero existe también otro polo en estos sufrimientos, y es el de la opresión. Los Salmos nos muestran repetidas veces el nexo entre la experiencia de enfermedad y la persecución que a menudo surgió como consecuencia de ella, cuando los enemigos se aprovechaban de la situación para levantar acusaciones falsas. Pero cuesta entender lo que le pasa al Siervo en el Cuarto Canto, porque el leproso era expulsado de la comunidad como inmundo. El Siervo, sin embargo, parece someterse además a un proceso judicial, que resultó en su ejecución (53:7-8), mientras otro versículo nos da a entender que murió de su enfermedad a mano de Yahveh (53:10). Por eso Westermann insiste en que no debemos tomar el lenguaje del sufrimiento, sea de enfermedad o de opresión, en forma literal.[58]

Lo cierto es que el Canto describe al Siervo como objeto de opresión en todas sus dimensiones:

herido de Dios y *opresivamente humillado* [*'anah,* pual], 53:4d

Oprimido [*daka',* pulverizado] por nuestra culpa, 53:5b

Fue deshumanizado por la *opresión* [*nagas*] y *opresivamente humillado* [*'anah,* nifal], 53:7a

Tras *opresión judicial* [*'otser*] y juicio fue arrebatado, 53:8a

Mas plugo a Yahveh *oprimirle* [*daka',* pulverizar] con enfermedades, 53:10ab.

El Canto utiliza 4 raíces hebreas un total de 6 veces; hace pues, de la opresión una categoría básica para entender la teología del capítulo.[59] En 7a y 8a parece que el Siervo sufre de la opresión humana en un contexto judicial. Pero en 4d, 5b y 10ab Yahveh es el autor de la opresión, y la enfermedad su instrumento. En el caso de la enfermedad, se dice que el Siervo se identificó con *el pueblo* —las enfermedades les corresponden en primera instancia a ellos (4ab). Pero no hay nada en el texto que indique que el pueblo fuera oprimido: es una desdicha que sufre el Siervo solo. La indiferencia de los contemporáneos (8b) del Siervo puede indicar que sufrió la opresión a manos del poder extranjero en 7a y 8a.

Una vez bien entendido el énfasis del Cuarto Canto en la opresión que sufre el Siervo, podemos valorar los repetidos anuncios de una revolución exitosa, que toma al pobre oprimido para exaltarlo por encima de todos los demás:

Dios:
He aquí que tendrá éxito mi Siervo,
será enaltecido, levantado y ensalzado sobremanera (52:13).

Los gentiles quedan asombrados (52:14a) y los reyes, en vez de acusarlo, tienen que cerrar la boca (53:15b). Logra cumplir los justos propósitos de Yahveh (53:10d). Comparte los despojos de la revolución con sus seguidores fieles (53:12ab). En esta acción el Siervo parece un nuevo Moisés, pues el relato del Exodo había recalcado repetidas veces cómo los israelitas habían despojado a sus opresores al salir de Egipto (Ex. 3:21-22; 11:2-3; 12:35-36). La interpretación de Gustavo Aulén en *Christus Victor* tiene, pues, cierta base en el texto, pero como *consecuencia* de la sustitución penal, no desplazándola.[60] Así pues, el Cuarto Canto nos presenta un tipo de teología de opresión y revolución parecida al Magnificat de María. Nos habla de un Dios que

Derribó a los potentados de sus tronos
y exaltó a los humildes . . .
Acogió a *Israel, su siervo,*
acordándose de la misericordia (Lc. 1:52, 54,
cp. 1 S. 2:1-10).

3.3 Pobreza y prosperidad

Podemos afirmar que la perspectiva del Cuarto Canto sobre la riqueza es bastante radical. No sigue la teología deuteronomista que vio la riqueza como señal de obediencia. Al contrario, identifica a los *ricos* con los *impíos* —perspectiva común entre pueblos que sufren bajo opresión extranjera (cp. Pr. 11:28; Mi. 6:12):

y se puso su sepultura entre los *malvados*
[*resha'im*]

y con los *ricos* [*'ashir*] su tumba (53:9ab).

Originalmente, pues, el Canto entendió a los ricos como impíos, tomando el paralelismo hebreo como sinónimo. La LXX y el Targum siguieron, e incluso fortalecieron la identificación de los impíos y los ricos.[61] Pero el TM se presta también a otra interpretación, que entiende el paralelismo como antitético. Se puede traducir así:

Alguien le asignó [*natan*] su sepultura entre los impíos,

Pero [*w*] su tumba (estuvo) con un rico,

Porque [*'al*] ninguna violencia hizo,

ni hubo engaño en su boca.

Mateo aprovechó la posibilidad de esta segunda interpretación para mostrar el cumplimiento de la profecía en el entierro de Jesús en la tumba de José de Arimatea (Mt. 27:57). Entendido así, el rico es bueno y la exaltación del Siervo empieza cuando puede ser sepultado con un rico en vez de con los impíos. Los rollos del Mar Muerto sostienen la interpretación que quiso dar Mateo contra el TM: hablan de la "tumba" del rico y no de "muerte" con un rico.[62]

Aunque es posible, la traducción que encuentra cumplimiento literal en la generosidad de José de Arimatea resulta un poco "juguetona"; el sentido normal del hebreo habla de los ricos como impíos. Seguramente son los opresores poderosos (53:8a) quienes lograron la ejecución del Siervo inocente (9a). Pero si los versos 8-9 hablan del mundo como es, Dios anuncia una situación radicalmente distinta en la introducción y conclusión del Canto. El Canto empieza con la afirmación de un cambio radical que produce la "prosperidad" del Siervo oprimido (53:13a). Y termina con el jubiloso cuadro del Siervo triunfante, que comparte los despojos como guerrero victorioso (53:12ab). Implícita en todo ello está una revolución radical en la situación económica, que deja a los ricos impíos derrotados y a los pobres oprimidos enriquecidos. El Siervo se ve co-

mo un nuevo Moisés que había despojado a los opresores
de su pueblo (cp. Ex. 12:35s.).

3.4 La salvación como liberación integral

Cuando escudriñamos el Cuarto Canto para esbozar su
concepto de liberación se ve otra vez el movimiento pendular entre el concepto personal y colectivo del Siervo, porque cuesta en muchos casos estar seguro de a quién se refieren las variadas dimensiones de la salvación descrita en
el texto.

(a) Como hemos notado, la tradición evangélica hace
bien en centrar la atención en la rebeldía y la culpa humanas como problema fundamental tratado en el Canto, y la
respuesta que se encuentra en la acción del Siervo al sufrir
en lugar nuestro el castigo y juicio debidos, con lo que
logra la *"justificación"* de los culpables (53:11cd). La
debilidad mayor en esta interpretación ha sido la tendencia a crear una dicotomía y a aislar esta dimensión cén-
trica de su contexto, que habla de una salvación integral.

(b) El énfasis evangélico recibe un buen correctivo en la
teología pentecostal y carismática, que toma en forma literal todo lo que dice el Canto (y Mt. 8:17) en cuanto a la
enfermedad, proclamando que por los sufrimientos del
Siervo "somos *curados*" (53:5d). Esta teología abre bre-
cha hacia un concepto de salvación integral, pero por des-
gracia no aprovecha el nuevo camino sugerido.

(c) Además de en la enfermedad, el Canto hace hincapié
en la opresión y la humillación del Siervo. Así cuando
Dios habla al principio y al final del Canto es para darnos
seguridad del éxito y exaltación del Siervo (52:13; 53:10,
12), que *salva a su pueblo de la opresión y la humillación.*

(d) El Canto habla en forma brusca de la impiedad de
los ricos, pero Dios proclama al principio y al final la prosperidad del Siervo exaltado, que comparte los despojos con
sus seguidores fieles. Señala así a *la liberación de la pobre-*

za como una dimensión de la salvación lograda por el Siervo.

(e) El Canto describe la alienación que sufrió el Siervo (53:3d) y la lucha de clases expresada en la opresión judicial que resultó en su muerte (53:7a, 8a), pero afirma que el Siervo logró traerle la *paz [shalom]* a su pueblo (53:5c).

(f) A lo largo del Canto, el Siervo se ve en una soledad y aislamiento terribles (53:3acd, 4cd, 8b), pero al final se ve en solidaridad con una muchedumbre, practicando la *koinonía* (53:12ab).

(g) Por su aislamiento, enfermedad y opresión mortal, el Siervo se ve amenazado con la esterilidad, pero el Canto termina proclamando que "verá descendencia", tema que se desarrolla en el capítulo siguiente (54:1-8, 11-13), *la liberación de la esterilidad.*

(h) El Canto indica muchas veces la muerte del Siervo (53:8acd, 9ab, 10b, 12c). Muchos afirman que señala también su resurrección, en parte influenciado por el Nuevo Testamento y en parte por los mitos paganos de dioses resucitados.[63] Dahood insiste en que el texto habla más bien de una vida eterna en el paraíso, y no de una resurrección. El texto clave dice "verá *luz,* se saciará" (53:11ab). En el TM falta un objeto para el verbo "verá" que la LXX incluyó *(fos).* Uno de los rollos del Mar Muerto (1QIs[a]) confirma la lectura de la LXX, y las versiones modernas en castellano la aceptan (BJ, NBE, BL; contra RVR). Al armonizar la misma expresión ("ver luz") con el Salmo 36:8-9, podemos ver que es una expresión que describe la felicidad de la vida eterna sobre la perspectiva del banquete mesiánico.[64] El Canto, pues, por lo menos habla de *la liberación de la muerte* en el sentido de Lc. 23:43 ("hoy estarás conmigo en el paraíso"), pero ¿sugiere también una resurrección? Los verbos en 52:13 pueden tener este sentido, aunque usualmente tienen un sentido más general. Puede ser que la exaltación del Siervo en 52:13 en relación con la reacción de los gentiles y sus reyes en 52:14-15 su-

giera que hasta el cuerpo del Siervo participa en su vindi-
cación. La expresión en 53:10d, "verá descendencia,
alargará [*'arac*] sus días", sugiere vigorosamente una continuación de la vida terrenal, y es más consecuente con el
Antiguo Testamento pensar en la celebración del triunfo
militar en 53:12ab como algo que se cumple en el esce-
nario terrenal. Lo cierto es que la experiencia del Siervo
incluye la liberación de la muerte: luz después de la oscuridad de su tumba, ya sea en un paraíso celestial o con un
cuerpo resucitado en la tierra (o ambos).

(i) Aunque nada en el Cuarto Canto sugiere de por sí
una liberación del exilio y una vuelta a la tierra, no podemos olvidarnos del contexto inmediato: alguien, bajo la
dirección del Espíritu Santo, colocó el Cuarto Canto *inme-
diatamente* después de la culminación de los capítulos anteriores con el llamado a salir de Babilonia y volver a Sión
(52:7-12). La liberación de la culpa del pecado (52:13-
53:12) ocurre precisamente en un contexto que proclama
la liberación de la opresión del Exilio, el Nuevo Exodo
que resulta en la vuelta a la tierra. La muerte del Siervo se
entiende como la del cordero pascual (Ex. 12), el sacrificio
necesario que resulta no solo en la liberación de la culpa
del pecado, sino también en la liberación de la opresión
babilónica. Los evangélicos que insisten tanto en una inspiración verbal, deben ser los primeros en reconocer que tal
inspiración implica también una inspiración "estructural",
que acepta las implicaciones teológicas de la estructura de
un libro profético.

(j) Además, el contexto del Cuarto Canto habla de una
liberación ecológica que resulta en la transformación de la
naturaleza. Los invasores babilónicos habían dejado la Tierra Santa en ruinas, con la vegetación destruida y, como resultado de ello, con sequías continuas. Una y otra vez
Segundo Isaías habla en términos poéticos exaltados de la
regeneración de la tierra, la redención ecológica que acom-
pañará la vuelta del pueblo a su tierra. El libro termina con

la proclamación de la nueva tierra, Edén restaurado
(55:10-13; cp. 35:1-2, 6b-7; 41:17-20; 43:18-21; 49:8-13,
19). Como insiste Jürgen Moltmann: "No se consigue liberación alguna del hombre de la indigencia económica, opresión política y alienación humana sin liberar a la naturaleza
de la expoliación inhumana y sin su pacificación".[65]

Conclusión. La liberación proclamada en el Cuarto Canto, tomado en su contexto, es una salvación integral que
abarca la justificación de la culpa del pecado, la curación
de la enfermedad, la liberación de la opresión, la prosperidad en vez de la pobreza, la paz en vez de la lucha de clases, el compañerismo y la *koinonía* en vez de la soledad y
el desprecio, el crecimiento demográfico en vez de la esterilidad y la extinción de la nación, la vida eterna en el paraíso y posiblemente la resurrección del cuerpo en vez de la
muerte, la vuelta a la tierra en vez del exilio y la opresión,
y una nueva tierra fructífera en vez de la ruina ecológica.

3.5 La praxis del Siervo

Los pasos básicos en el camino del Siervo ya los hemos
estudiado: (a) su encarnación y plena *identificación* con su
pueblo en su exilio y opresión ("El Siervo e Israel"),
(b) el sufrimiento, en lugar de ellos, del castigo y el juicio del pecado *(sustitución* penal). En esta sección queremos señalar en forma somera otros pasos o características
del camino del Siervo que hubieran podido eludir nuestra
atención.

(c) *Desprecio,* soledad. Precisamente cuando el Siervo
hace más para redimir a los hombres experimenta el desprecio cruel de ellos, la alienación y falta de comprensión
en lugar de la debida gratitud: "Despreciable [*bazah*] y
desecho de hombres . . . despreciable [*bazah*] y no le tuvimos en cuenta" (3ad). Como Job, sufre la malinterpreta-
ción de sus sufrimientos: "Nosotros le tuvimos por azotado, herido de Dios y humillado" (4cd). Queda aislado, alienado de su pueblo "como uno ante quien se oculta el

rostro" (53:3c), y ellos completamente indiferentes a su sufrimiento: "y de sus contemporáneos, ¿quién se preocupa? (53:8b)". Es, pues, el polo opuesto al líder político carismático que atrae a la muchedumbre con su personalidad atractiva.

(d) *Silencio*. Malentendidos, pensamos dedicarnos a mejorar la comunicación, en una campaña de relaciones públicas. Oprimidos, pensamos levantar la voz en quejas, en especial cuando sufrimos castigo por los crímenes de otros —insistimos en justicia. No así el Siervo: "no abrió la boca . . . como oveja que ante los que la trasquilan está muda, tampoco él abrió la boca (53:7)". No es sólo que evita hacer bulla y ruido en la calle (42:2); frente al malentendido y a la indiferencia de su pueblo, y a la opresión extranjera, mantiene un silencio absoluto. Por supuesto existen tiempos para levantar la voz en proclamación de buenas noticias (40:9) y en denuncia del pecado (58:1). Pero éste no es el tiempo (Ec. 3:7). Cuando el Siervo ya había hablado (50:4, 10), pero los oyentes habían endurecido su corazón, no vale la pena seguir hablando: es tiempo de sufrir en silencio.

(e) La *no-violencia*. La Biblia nos presenta una postura dialéctica en cuanto a la violencia. Los profetas levantaron la voz en denuncia de las injusticias y opresiones (Amós; Is. 58:1). Cuando sale el evangelio con sus implicaciones revolucionarias, es natural que sigan las guerras (Ap. 6:1-4). De modo indirecto, podemos admitirlo, el evangelio promueve un tipo de violencia contra la opresión del *statu quo*. Pero no debemos equivocarnos: el camino del Siervo no es el camino de la violencia. Frente a la opresión más injusta "no hizo *violencia* [*hamas*] (53:9c)". Debemos distinguir entre la violencia y la fuerza autorizada *(pace* Ellul). El gobierno tiene el derecho de usar la fuerza autorizada, aun de matar (Ro. 13), pero ésta no es violencia. Segundo Isaías puede entusiasmarse con las guerras de Ciro, el "ungido-mesías" de Yahveh, cuyas conquistas abrieron el camino para la liberación de Israel del poder babilónico y la vuelta a su tierra (Is. 41:2-3, 25; 44:28-45:6; 46:11; 48:14-15). A la guerra de las guerrillas, como los macabeos, la Biblia la califica de "poca ayuda" (Dn. 11:34) aun cuando tenga gran éxito en términos humanos. El Siervo sabio prefiere el martirio (Dn. 11:33). Jesús pudo utilizar la *fuerza* para limpiar el templo. Pero lo hizo solamente como Hijo en la casa de su Padre, donde tenía la autoridad legítima para hacer tal cosa. No se metió con violencia en conflictos de su pueblo. Prefirió sufrir el martirio que hacer violencia. Por eso Dios lo exaltó (52:13) y lo hizo triunfar (53:12). Para más detalles, véase el Apéndice II.

(f) La pura *verdad*. Una cosa es no mentir; otra es evitar cualquier tipo de engaño. Sobre todo si hay que enfrentarse con un poder policial que nos amenace de muerte. El Siervo escogió el camino más elevado: "ni hubo *engaño* [*mirmah*] en su boca" (53:9d). Jamás trató de justificar una "mentira blanca" con el argumento de que el fin justifica los medios. Aun para liberar a los pobres oprimidos por la explotación extranjera, no recurrió al engaño ni a la demagogia. Al final de su vida, sufrió la opresión en silencio. Pero hubo un tiempo cuando habló, y entonces dijo la pura verdad.

(g) La *intercesión*. Algunos han negado que el Cuarto Canto hable de la oración como actividad del Siervo. Westermann señala que el verbo *pag'a* en 53:12f. tiene un sentido mucho más amplio.[66] Los léxicos dan como definiciones "chocar, acometer, tropezar, herir, pedir, confinar"; y en el *Hifil* (causativo), "echar sobre, humillar (hacer suplicar), embestir, urgir con ruegos" (KB[2], p. 751; *Hol.,* p. 288). El mismo verbo ocurre en Is. 53:6 en el *Hifil,* que BJ[3] traduce "Yahveh *descargó* sobre él la culpa de todos nosotros". Es cierto, entonces, que el verbo tiene un sentido más amplio que "interceder". Westermann quiere entender el uso en 53:12f como sinónimo de 53:12e ("él llevó el pecado de muchos"). Dice que el verso siguiente quiere decir sencillamente que el Siervo intervino por los rebeldes: "él tomó su lugar y sufrió su castigo en su lugar".[67] Pero sin duda el verbo *pag'a* puede incluir el sentido de intercesión (Jer. 7:16). Por eso es mejor la conclusión de Young[68] de que 53:12f se refiere "no solamente a la oración, sino que incluye la idea de llevar el pecado", es decir, toda la obra sacerdotal del Siervo (cp. Ro. 8:34; He. 9:24; 1 Jn. 2:21; y la exaltación del Siervo al principio con el fin de rociar las naciones, 52:13-15). La conclusión del Canto, pues, no se refiere a una oración descontextualizada, desvinculada de la vida total, sino que expresa una intercesión que tiene como base una vida sacrificial. Puesto que la intercesión se dirige a Yahveh, la conclusión del Canto nos hace recordar que el problema neurálgico del hombre es su culpabilidad frente a un Dios justo, y no la opresión o el cautiverio.

(h) *Exaltación: poder y eficacia.* Una preocupación principal de Segundo Isaías es la manifestación del poder de Yahveh; hace referencia continua al poder divino por medio de la imagen del "brazo" (49:10; 51:5, 9; 52:10). Podemos decir que Ciro sirvió como prototipo de "brazo izquierdo" para lograr la liberación del pueblo de la opresión babilónica —él, y no el Siervo, se llama "ungido-mesías" (45:1). Pero existió un problema mucho más difícil que el del cautiverio. Liberar del cautiverio es cosa fácil para Dios (49:24-26). Pero ¿quién puede liberar al pueblo de la culpa del pecado frente a un Dios de santidad y justicia perfectas? (Is. 6). Esto sí requiere "magia profunda" (C. S. Lewis). Y muy pocos entienden o valoran el poder que logra la justificación del pecador culpable. Esto provoca reflexión por parte del profeta: "El *brazo* de Yahveh ¿a quién se le reveló?" (53:1b). En cierto sentido esta pregunta es el tema del Cuarto Canto. Pablo la usa para expresar su teología de la cruz, donde ve a "la debilidad divina, más fuerte que la fuerza de los hombres" (1 Co.

1:25) y que "ha escogido Dios lo débil del mundo, para confundir lo fuerte" (1:27).

Como señala Hugo Assmann, según Pablo, el poder de Cristo "no es cosa de palabras". El "deshacer las coartadas de la indeterminación del poder de Cristo significa . . . determinar . . . dónde este poder de Cristo actúa en la conflictiva historia humana".[69] Concluye que

Los Cristos doloristas de América Latina, que tienen como imagen central únicamente la cruz, son Cristos de la impotencia interiorizada en los oprimidos . . . Por otro lado, los raros Cristos gloriosos de América Latina, sentados en tronos y con coronas reales como los reyes de España, no son "otros" Cristos, no son distintos . . . Son la otra cara de los mismos, la que veían los dominadores. No hay pues manera de separar la Cruz y la Resurrección sin caer en Cristos alienantes. Cristos del poder constituido (que no necesita luchar porque domina) y Cristos de la impotencia constituida (que no pueden luchar de tan dominados) son las dos caras de las cristologías opresoras.[70]

3.6 El compromiso del pueblo

Obviamente el autor del Cuarto Canto esperaba que muchos se beneficiarían del sacrificio del Siervo. ¿Pero es algo automático que sucede sin que haya ningún cumplimiento de condiciones por parte del pueblo? No encontramos en el Canto una exposición sistemática del tema, pero sí podemos notar ciertas condiciones básicas, tanto en el Canto mismo, como en su contexto inmediato.

(a) *Creer* la Buena Noticia. En el cap. 53, cuando se empieza a hablar en "nosotros", la primera preocupación es que los oyentes crean la noticia "increíble" que está por ser anunciada: "¿Quién creyó [*he'emin,* hifil de *'aman*] a nuestra noticia?" El verso paralelo sugiere que la fe que cree tal noticia dependería de una revelación divina especial que hará patente la presencia y el poder de Dios donde los hombres menos los esperan (cp. Mt. 16:17). Es, pues, fundamental en la perspectiva del Cuarto Canto confiar en la credibilidad del relato del Siervo: su juventud, sufrimientos, muerte y exaltación.

(b) *Confesar.* Es la condición más elaborada en el Canto mismo y tiene dos dimensiones: la confesión del pecado y la confesión que expresa conversión y confianza de que el Siervo hizo todo lo necesario para resolver el problema de nuestra rebeldía y culpa ante Dios. La confesión del pecado es corporativa y no admite excepciones:

> todos nosotros como ovejas erramos,
> cada uno marchó por su camino (53:6).

La confesión en su segunda dimensión señala una conversión radical de una actitud de desprecio hacia el Siervo (53:3) a un reconocimiento de que El ha hecho todo lo necesario para lograr nuestra reconciliación con Dios y nuestra justificación:

> eran nuestras enfermedades las que él llevaba
> y nuestros dolores los que soportaba . . .
> El ha sido herido por nuestras rebeldías,
> molido por nuestras culpas...
> Yahveh descargó sobre él
> la culpa de todos nosotros (53:4-7).

(c) *Convertirse.* En el Canto mismo se indica un tipo de conversión a modo de cambio radical en la actitud hacia el Siervo. Para que no perdamos el punto, Segundo Isaías pone al final de su libro una llamada explícita al arrepentimiento ante la que nadie puede cerrar los ojos. Ocurre en el contexto de una verdadera invitación evangelística:

> Oíd, sedientos todos, acudid por agua,
>   también los que no tenéis dinero:
> venid, comprad trigo, comed sin pagar;
>   vino y leche de balde . . .
> Buscad al Señor mientras se le encuentra,
>   invocadlo mientras esté cerca;

que el malvado abandone su camino
y que el hombre inicuo sus pensamientos,
que regrese al Señor, y él tendrá compasión;
a nuestro Dios, que es rico en perdón (55:1,
7-8; cp. Jn. 7:37-38).

¡Billy Graham y Luis Palau no hubieran podido decirlo de manera más clara o conmovedora!

(d) *Colaboración en el proyecto histórico.* Pero no debemos confundir la invitación evangelística, la llamada al arrepentimiento en Segundo Isaías, con los esfuerzos algo parecidos que hacen hoy evangelistas de fondo pietista. Ante todo Segundo Isaías hace patente que Dios espera una colaboración en el proyecto histórico de la vuelta a la tierra —la salida de la opresión babilónica. Por ello, todo el "consuelo" de los capítulos anteriores (40-52) alcanza su meta y culminación en el gran imperativo de 52:11-12:

¡Apartaos, apartaos,
salid de allí!

La repetición de los verbos pone de relieve cuán apremiante es el mandato. Dios no es sólo el Dios trascendente y santo (Is. 6), sino también un Dios sumamente activo en la historia humana. Buscarlo, entonces, es más que llorar y orar por el perdón: es colaborar con él en sus actos justos y libertadores en el proceso histórico. El no marchar con El en los caminos de la liberación es seguir como ovejas tontas extraviadas en caminos propios. La llamada al arrepentimiento y la búsqueda de Dios en Is. 55 tenemos que entenderlas en el contexto de todos los capítulos anteriores, sobre todo de la conclusión que manda la salida del cautiverio y la vuelta a la tierra (52:11-12). El no colaborar con Dios en su proyecto histórico de liberación es nada menos que rebeldía e incredulidad (cp. Nm. 13-14).

Es común entre muchos cristianos pensar en esta última dimensión de los proyectos históricos de Dios como una posible implicación sutil del evangelio que asignamos al campo de la "ética social". Puede ser que Segundo Isaías quiera darnos otra perspectiva: en el orden canónico del libro, la colaboración con Dios en el proyecto histórico viene primero (52:11-12) antes aun del reconocimiento del Siervo y el significado de su muerte. Seguramente muchos en Israel respondieron a Dios en este nivel básico de volver a la tierra, sin entender nada del mensaje del Cuarto Canto. Puede ser, pues, que debamos entender la colaboración en el proyecto histórico como algo "pre-evangelístico", donde empezamos a realizar nuestra humanidad común. Si no nos movemos en obediencia en este nivel, como lo hacen miles de personas incrédulas, ¿cómo podemos esperar responder a Dios en el nivel profundo de comprender y compartir con el Siervo sus sufrimientos? (Fil. 3:10; Col. 1:24).

Conclusión

Las tres corrientes actuales de la teología latinoamericana nos proveen perspectivas distintas pero esenciales para nuestra relectura de Isaías 52:13-53:12.

(a) Las tradiciones evangélica y católica nos ayudan a enfocar el problema neurálgico del hombre (rebeldía, culpa ante un Dios santo y justo) y exponen la obra del Siervo en términos plenamente bíblicos de sustitución penal, sin ajuste ninguno a los prejuicios del "hombre moderno", que no quiere pensar en un Dios justo ni en la necesidad de un sacrificio propiciatorio por sus pecados.

(b) La perspectiva pentecostal nos hace tomar con toda seriedad el lenguaje bíblico que describe la enfermedad del Siervo e insiste en proclamar y practicar curaciones de los enfermos como dimensión ineludible del evangelio y la praxis cristiana.

(c) El judaísmo y las teologías de liberación nos enseñan a fijarnos en el contexto histórico original del Cuarto Canto (salida del exilio opresor), la identificación del Siervo con su pueblo, la abundante terminología de opresión con la cual se describe el sufrimiento del Siervo, la salvación como una liberación integral, y el arrepentimiento como una vuelta al Dios bíblico, que implica colaborar con El en sus proyectos históricos libertadores.

No podemos despreciar ninguna de estas tres corrientes en nuestro ambiente teológico si queremos lograr una relectura que capte todo lo que Dios quiere decirnos. Por medio de todas estas corrientes Dios sigue hablando. Y si queremos ser fieles, tenemos que responder como el profeta del Tercer Canto:

El Señor Yahveh me ha dado
  lengua de discípulo
para que haga saber al cansado
  una palabra alentadora.
Mañana tras mañana despierta mi oído,
  para escuchar como los discípulos (50:4).

Apéndice I

LA MUERTE DE JESUS EN JON SOBRINO,
CRISTOLOGIA DESDE AMERICA LATINA
(México: Centro de Reflexión Teológica, 1976)

La originalidad, la profundidad y el gran valor de la *Cristología* de Jon Sobrino son innegables para cualquiera que lea su obra. En el capítulo V, que trata de la muerte de Jesús, Sobrino reconoce la centralidad de la cruz para la fe cristiana (p. 137) e insiste repetidas veces en la necesidad de reconocer en la persona de Jesús "el *Dios* crucificado" (p. 139, citando a Moltmann).

Tiene valor especial todo el esfuerzo que hace para evitar que la cruz sea un elemento alienante en la religiosidad del pueblo. Esto lo procura no centrando la atención en la doctrina de la Resurrección, sino con una recta interpretación de las dimensiones políticas de la cruz y de sus implicaciones para el discipulado cristiano (pp. 155-169).

Desde la perspectiva de la teología bíblica, Sobrino desarrolla acertadas críticas de varias distorsiones teológicas, resultado de la filosofía griega (p. ej., las implicaciones de la cruz para nuestra comprensión de la perfección divina, la epistemología, la teología natural, y el amor de Dios, pp. 150-155).

Creemos que el lector sensible y comprometido, al estudiar el capítulo, comprenderá los grandes valores de Sobrino. Lo que nos proponemos hacer aquí es señalar ciertas debilidades, que nos llevarán a la conclusión de que el capítulo es (dialécticamente) lo mejor y lo peor —el más fuerte y el más débil— del libro.

(a) El pensamiento de Sobrino en este capítulo parece estar demasiado dominado por la influencia de Moltmann. De las 13 notas bibliográficas, 8 se refieren a Moltmann, 3 a Käsemann, 1 a Cullmann y 1 a Boff. Nos sorprende encontrar al principio la afirmación de que "la reflexión teológica sobre la cruz de Jesús no es muy frecuente" (p. 137). ¿Qué decir, entonces, de la dogmática de Barth (4 tomos, más de 3 mil páginas sobre "reconciliación", IV:1, 2, 3, 4), además de los tomos de Brunner, Aulén, G.C. Berkouwer, Pannenberg, etc. (véase notas 15-25)? Una interacción teológica y exegética con estos autores hubiese evitado las debilidades principales del capítulo.

(b) Sobrino rechaza la interpretación de Anselmo (pasando por alto sus bases bíblicas y raíces patrísticas) porque "sabe demasiado" en cuanto a Dios, el pecado y la salvación (pp. 148-149). Aunque ciertas de las críticas a Anselmo tienen valor, esta sección es demasiado superficial. No toma en cuenta los textos y teología bíblica sobre las que se apoyan en principio la contribución de Anselmo y los teólogos que lo siguen. El sentido político de la cruz desarrollado por Moltmann y Sobrino bien puede complementar y corregir la interpretación de Anselmo y sus seguidores, pero no sirve jamás como sustituto de esta interpretación. Si negamos la contribución básica de Anselmo en la interpretación de la cruz, falta la "piedra angular principal".

(c) El rechazo de Anselmo parece surgir de un error muy repetido en las teologías del siglo pasado: Sobrino parte de un concepto parcial e incompleto de Dios. Como tantos teólogos liberales del siglo XIX (Schleiermacher, Ritschl, etc.) enseña que "Dios es *amor*" (1 Jn. 4:8, 16), olvidando que también "Dios es *luz*" (1 Jn. 1:5; notemos que en la teología juanina esta afirmación viene primero). Aunque Sobrino cita a Miranda sobre la justicia de Dios (p. 171), esta *justicia,* tan fundamental para la interpretación bíblica de la cruz (Ro. 3:21-26, etc.), no recibe su debida atención en la interpretación de Sobrino. Y como es común en teólogos que siguen esta línea, tampoco encontramos en Sobrino el análisis de la *ira* y justa *indignación* de Dios contra el pecado (Ro. 1:18, etc.). Parece aceptar acríticamente la interpretación de C.H. Dodd, que traduce *hilasterion* como "expiación" en vez de *"propiciación"* (Ro. 3:25, p. 146). Estos errores los han cometido muchos antes de Sobrino, y han recibido debida atención (y refutación) en la literatura teológica sobre la cruz (especialmente en las obras de Brunner, Berkouwer y Pannenberg).

(d) En vez de recalcar más en detalle los errores (no originales) de Sobrino (ya refutados ampliamente en otros libros) preferimos tratar de indicar brevemente cómo una plena aceptación de la interpretación bíblica de la cruz puede dar una base más firme para la dimensión política que él y Moltmann exponen.

Primero, la enseñanza bíblica sobre la *santidad* y *justicia* divinas nos da el fundamento para la crítica profética de la injusticia, opresión y pobreza. Nadie mejor que Miranda ha mostrado la centralidad de la justicia en la teología bíblica.

Segundo, la ira y justa indignación de Dios contra el pecado nos da la pauta para la actitud cristiana frente a la injusticia y la opresión. Advirtamos que la primera afirmación en la Biblia sobre la ira de Dios es precisamente en un contexto de denuncia contra la opresión de los pobres (Ex. 22:21-24), y que Pablo también subraya que la ira de Dios se revela contra *"toda injusticia"* (Ro. 1:18).

Tercero, la praxis política del cristiano se basa no solo en la vida de Jesús, sino también en el carácter de Dios revelado por medio de las Escrituras (Exodo; Sal. 103:6-7). Solo al reconocer que Jesús murió por nosotros como propiciación de la ira divina (Ro. 3:25-26) podemos entender por qué era *necesaria* (Mr. 8:31) la encarnación y la muerte del Hijo de Dios. Si Anselmo "sabe demasiado", Sobrino no reconoce suficiente la enseñanza bíblica en este sentido.

Cuarto, solo si se acepta la enseñanza bíblica plena sobre la cruz como propiciación de la justa ira de Dios podemos valorar la profundidad del *amor* de Dios. Cuando Juan quiere exponer lo más profundo del amor de Dios tiene que hablar una y otra vez de la "propiciación" (1 Jn. 2:2, 4:10). Sobrino quiere basarse de forma exclusiva en el amor de Dios, pero no puede mostrarnos su dimensión más profunda y sorprendente: que Dios mismo sufrió el infierno en nuestro lugar para salvarnos. Es cierto que la cruz señala la liberación de la *opresión,* pero en primer lugar es salvación "de la *ira* de Dios" (Ro. 5:9; 1 Ts. 1:10).

En conclusión, sólo queremos subrayar que Is. 53 nos da por un lado la base para entender que la obra del Siervo se presenta como *"sustitución penal",* y además propone claramente el sentido político de la cruz como opción e "identificación del Siervo con los *oprimidos".* Los Evangelios nos muestran cómo Jesús optó por ser pobre. Is. 53 pone de manifiesto cómo el Siervo sufre la opresión que es característica de la vida de los pobres. En la resurrección y exaltación del Siervo, Dios *universaliza* la "revolución original" que el Exodo fue para Israel. Por ello debemos entender que el sermón de Pedro en el día de Pentecostés representa una denuncia profética contra la opresión y violencia institucionalizadas, expresada en la crucifixión de Jesús (Hch. 2:23-24). Y su llamado al arrepentimiento es sobre todo un llamado al pueblo a arrepentirse de la *opresión* contra el Pobre de Dios, Jesús (Hch. 2:36-38), cuyo don del Espíritu Santo en Pentecostés señala la *democratización* de los dones de Dios (Hch. 2:17-18) y el fin de toda oligarquía opresora (Mt. 20:20-28).

En la hermenéutica de los teólogos latinoamericanos se ha subrayado repetidas veces la importancia de evitar imponer dicotomías extrañas a la mentalidad bíblica. Al tratar de desarrollar una teología *política* de la cruz, divorciada de su base bíblica (santidad, justicia e ira divina, propiciación, sustitución penal), Sobrino desprecia un elemento profundo en la tradición católica y bíblica, y además se desvía del sano camino hermenéutico señalado por sus colegas en la teología de liberación. Es nuestra esperanza que el autor vuelva a examinar el tema. No creemos que se pueda madurar el buen fruto del sentido político de la cruz machacando las raíces del árbol. Pues, como señala San Pedro, el mensaje de la cruz tiene tres dimensiones ineludibles e inseparables:

> Cristo . . . *llevó nuestros pecados* en su cuerpo sobre el árbol a fin de que, muertos a nuestros pecados, *viviéramos para la justicia,* con cuyas heridas habéis sido *curados* (1 P. 2:24).

En Is. 53, como en todas las Escrituras, estas tres dimensiones (la católica-evangélica; la pentecostal, y la de liberación-latinoamericana) se aclaran y fortalecen mutuamente, y

> "cordón de tres dobleces no se rompe pronto" (Ec. 4:12).

Apéndice II

LA FUERZA NO-VIOLENTA DE LOS OPRIMIDOS
FRENTE A LA VIOLENCIA OPRESORA
INSTITUCIONALIZADA

Introducción

La confusión lingüística. En el lenguaje popular (prensa, etc.) es común hablar de la "fuerza" legal de las autoridades que apoyan el orden del *statu quo,* y de la "violencia" de los guerrilleros y otros que utilizan las armas para derrocar el régimen. Desgraciadamente los teólogos han escrito muchos tomos sobre la violencia sin intentar buscar el sentido de la violencia en la Biblia misma.

Es común en la teología hoy negar toda distinción entre la "fuerza" y la "violencia" (Ellul, Girardy, Tournier), pero la Biblia sí hace una distinción. La Iglesia de forma tradicional ha distinguido entre la "fuerza legítima", algo legal que apoya el orden establecido, y la "violencia" como algo ilegal que busca derrocar el orden establecido. Pero la Biblia no sostiene esta distinción: la distinción que hace la Biblia es otra.

La violencia en el Antiguo Testamento

El hebreo del Antiguo Testamento contiene una raíz

básica para expresar la violencia. Más común es el sustantivo *hamas* que ocurre 60 veces; el verbo *hamas* se usa solamente 8 veces. Hace falta un estudio profundo de estas palabras. Presentamos como hipótesis tentativas las conclusiones siguientes, resultado de un estudio preliminar.

(a) *El Antiguo Testamento condena rotundamente la violencia.*

Yahveh . . . odia con toda su alma
a los que aman (escogen) la violencia *(hamas),*
Sal. 11:5.

El Siervo oprimido no responde con violencia a la violencia institucionalizada que lo llevó a la muerte:

Nunca hizo violencia *(hamas)*

ni hubo engaño en su boca (Is. 53:9b; cp. Pr. 3:31).

(b) *El Antiguo Testamento distingue entre la violencia y la fuerza justa y legítima,* pero no es la distinción tradicional que los teólogos (Agustín, Tomás de Aquino, Calvino) han hecho. Estos han distinguido entre la fuerza legal e *ilegal* (violencia); *la distinción en el Antiguo Testamento se basa sobre todo en lo justo (fuerza) y lo injusto (violencia).* Así Jacob en su profecía condena la violencia de Simeón y Leví ("armas de *violencia* sus espadas", Gn. 49:5) pero aprueba la fuerza justa y legítima del Mesías venidero (49:10).

(c) *La violencia que el Antiguo Testamento condena, cuando se define de modo concreto, es siempre la "violencia institucionalizada" de los ricos opresores.* La fuerza que utilizan los pobres y oprimidos para defenderse nunca se llama violencia y nunca se condena en la Biblia.

Cuando Moisés mató al opresor egipcio para salvar la vida del esclavo israelita, la Biblia no califica su acción como "violenta" y no la condena (Ex. 2:11-15; Hch. 7:23-28; He. 11:27, texto occidental, D).

En Jueces, cuando los libertadores carismáticos, ungidos por el Espíritu, matan a los opresores extranjeros para librar a los oprimidos, la Biblia nunca califica su acción como "violenta".

Incluso en Josué 1-12, la conquista sangrienta de la tierra prometida, nunca se llama "violenta"; es "guerra santa" según la teología bíblica.

Según Crónicas, David, que actuó como guerrillero cuando Saúl todavía era rey, puede declarar que "no hay violencia *(hamas)* en mis manos" (1 Cr. 12:17; cp. Job 16:17).

Pero las condenaciones de la violencia institucionalizada, lo que hacen los opresores contra los pobres y oprimidos, abundan en el Antiguo Testamento, especialmente en los profetas. Amós denuncia los opresores ricos y poderosos que "atesoran" *violencia (hamas)* y despojo en los palacios de Samaria (3:10).

En Miqueas Dios denuncia a Jerusalén, diciendo,
¿Daré por inocente al que tiene balanza falsa
y bolsa de pesas engañosas?
Sus *ricos* se colmaron de *violencia (hamas),*
y sus moradores hablaron mentira (6:11-12).

Véase Am. 6:3; Jer. 6:7; 13:22; 20:8; 22:3; 51:35, 46; *Ez.* 7:23; 8:17; 12:9; 22:16; 28:16; *45:9;* Hab. 1:2, 3, 9; 2:8; 17; Is. 59:6; 60:18; Joel 4:19; Abd. 10; Sof. 1:9; 3:4; Jon. 3:8; Mal. 2:6; cp. *Mi. 3:1-3; Sal. 73:6.*

(d) *Dios nunca ejerce la violencia* (nunca es agente o sujeto de ella). *Más bien Dios libera al pobre y oprimido de la violencia que ejercen los ricos opresores* (Sal. 140:2, 5, 12; cp. 18:49). También el librar al pobre de la violencia de los opresores es tarea básica del rey ideal (mesiánico):
Porque él librará al menesteroso que clamare,
y al oprimido *('ani)* que no tuviere quien le socorra.
Tendrá misericordia del pobre y del menesteroso.
Y salvará la vida de los pobres.

De engaño y de *violencia* (hamas) redimirá sus almas
y la sangre de ellos será preciosa ante sus ojos
(Sal. 72:12-14).

La violencia en el Nuevo Testamento

El Nuevo Testamento no contiene ninguna referencia explícita a la violencia. Las palabras griegas que a veces se traducen por "violencia" son de sentido amplio y es mejor traducirlas por "fuerza" *(bia,* Hechos 5:26; 21:35; 27:41; o "tratar con fuerza" *"biadzomai",* Mt. 11:12). Cuando Cristo purificó el templo (Jn. 2:13-22; Mr. 11:15-19 // Mt. 12:21-17) lo hizo con fuerza *justa* y *legítima* ("la casa de *mi padre* . . . cueva de *ladrones"),* pero no con violencia. En Lc. 3:14 Juan el Bautista prohíbe a los soldados "sacudir", "hacer extorsión" (griego: *diaséio).* La "espada" en el Nuevo Testamento puede representar la fuerza justa y legítima (Ro. 13:1-7; Lc. 22:35-38; 49-51). No debemos citar tales textos como referencias a la violencia si no hay indicación de injusticia en el contexto.

Conclusiones y consejos prácticos

(a) Debemos denunciar la violencia institucionalizada contra los pobres, como lo hicieron los profetas del Antiguo y Nuevo Testamento.

(b) Cuando personas pobres y oprimidas no creyentes responden con fuerza de armas frente a la violencia institucionalizada, no debemos condenarlas ni exhortarlas a que se sometan a la opresión (la praxis cristiana sólo es posible para la persona de fe —Ellul p. 159). Por supuesto, Dios, como soberano en la historia, puede incorporar y utilizar la violencia y la fuerza para sus propósitos (Gn. 45:5-9; Is. 10:5, etc.).

(c) Sin embargo, no debemos pretender que el uso de

armas carnales, o militares, contra los opresores sea el camino cristiano. La Biblia, y especialmente el Nuevo Testamento, no solo rechaza la violencia, sino que pone también límites al uso de la fuerza (Mt. 5; Lc. 6; Ro. 12; 1 P. 3). En la praxis del Nuevo Testamento las exhortaciones de no responder con fuerza ocupan un lugar prominente. Es otra indicación de la situación oprimida y perseguida de la iglesia del Nuevo Testamento.

(d) El Nuevo Testamento nos llama a la militancia, pero es una lucha de fe que incluye la denuncia profética (Ef. 5:11) y utiliza toda la armadura de Dios (Ef. 6:10-20; 2 Co. 10:3-5; véase Ellul, pp. 127-175). Esta militancia que no confía en las armas carnales no contradice sino que cumple lo que Dios había enseñado a lo largo del Antiguo Testamento (Zac. 4:6; Ex. 14:13-14; Is. 30:1-7, 15-17; 31:1-4, etc.).

Véase Daniel 11 y las alternativas de la época (165 a.C.):
(a) Hacer componendas con el imperio opresor, Dn. 1.
(b) Huir a las cuevas del desierto (Qumrán, etc.).
(c) La guerrillería (los macabeos), de "poca ayuda" (Dn. 11:34).
(d) El camino de la cruz, el martirio (Dn. 12:3).

Bibliografía

Arendt, Hannah. *One Violence* (New York: Harcourt, Brace & World, 1969).

Craigie, Peter C. *The Problem of War in the Old Testament* (Grand Rapids: Eerdmans, 1978).

Ellul, Jacques. *Violence: Reflections from a Christian Perspective* (London: SCM, 1970).

Girardy, Guilio. *Amor Cristiano y Lucha de Clases* (Salamanca: Sígueme, 1971).

Guinness, Os. *Violence, A Study of Contemporary Attitudes* (Downer's Grove, Ill.: Intervarsity Press, 1974).

Tournier, Paul. *The Violence Inside* (London: SCM Press, 1978).

NOTAS

Introducción

1. Claus Westermann, *Isaiah 40-66* (Philadelphia: Westminster, 1969), p. 92; J. Alberto Soggin, *Introduction to the Old Testament* (Philadelphia: Westminster Press, 1976), p. 313s. Cp. Georg Fohrer, *Introduction to the Old Testament* (Nashville: Abingdon, 1968), p. 387; Otto Kaiser, *Introduction to the Old Testament* (Minneapolis: Augsburg, 1975), pp. 266-267; BJ3, p. 1042.

2. Del vocabulario en Dt. Is. unas 46 palabras o expresiones ocurren solamente en *este* Canto, según North, *Suffering Servant in Deutero-Isaiah* (Oxford: Oxford University Press, 1956²), p. 168. Para la teología del sufrimiento del Cuarto Canto, véase Gerhard von Rad, *Teología del Antiguo Testamento II* (Salamanca: Sígueme, 1972), 347s.

3. Westermann, p. 257. Von Rad prefiere considerar el Cuarto Canto una "liturgia profética" que incluye una elegía *(Teología* II, 318ss.), siguiendo a Sigmund Mowinckel (un "canto fúnebre" tardío), *El que ha de venir: Mesianismo y Mesías* (Madrid: Edición Fax, 1975), 219.

4. Von Rad atribuye todos los Cantos del Siervo a Dt. Is. *(Teología* II, 314). También James Muilenburg, "Isaiah: Chapters 40-66", *The Interpreter's Bible V* (Nashville: Abingdon, 1956), pp. 465, 615. John L. McKenzie piensa que todos vienen del Trito-Isaías, *Second Isaiah,* The Anchor Bible (New York: Doubleday, 1968), p. xli.

La perspectiva pentecostal: enfermedad-curación

5. La versión original inglesa reza así: "Deliverance from sickness is provided for in the atonement, and is the privilege of all believers". Walter J. Hollenweger, *The Pentecostals* (Minneapolis: Augsburg, 1972), p. 515; cp. 359, 517 y 521.

6. John R. W. Stott, *La misión cristiana hoy* (Buenos Aires: Certeza, 1977), pp. 112-117.

7. Vulgata *"quasi leprosum"*.

8. Mowinckel, p. 200s.

9. Es la única definición que da BDB (p. 318) y la primera definición en Holladay. KB² traduce "debilidad, enfermedad", pero en todos los 23 casos de la palabra en el Antiguo Testamento "enfermedad" es adecuada como traducción: Dt. 7:15; 28:59, 61; 1 R. 17:17; 2 R. 1:2; 8:8, 9; 13:14; Is. 1:5; 38:9; Is. 53:3-4; Jer. 6:7; 10:9; Os. 5:13; Ec. 5:16; 6:2; 2 Cr. 16:12 (2 veces); 21:15; 18-20 [Pr. 31:8 cj].

10. Robert Horton Gundry, *The Use of the Old Testament in St. Matthew's Gospel* (Leiden: E. J. Brill, 1975), p. 111.

11. Tal vez sigue la Vulgata *"quasi leprosum"*.

12. Para ampliar el sentido de curación, The New English Bible traduce *shalom* en el verso paralelo como *"health"*:
the chastisement he bore is *health* [*shalom*] for us
and by his scourging we are *healed* [*raph'a*]

13. El mejor libro sobre el tema que conocemos es P. Francis MacNutt, *Sanación: carisma de hoy* (Puerto Rico: Aguas Buenas, 1977²).

14. Edward J. Young, *The Book of Isaiah*, III (Grand Rapids: Eerdmans, 1975), 344.

La tradición evangélica

15. Wolfhart Pannenberg, *Jesus—God and Man* (London: SCM Press, 1968), p. 278.

16. Thomas Dixon Hanks, "The Theology of Divine Anger in the Psalms of Lament" (Tesis, Concordia Seminary, St. Louis, 1972), pp. 4-5.

17. Pannenberg, p. 278s. Hanks, pp. 6-10.

18. Hanks, p. 10s.; cp. Pannenberg, p. 279.

19. Hanks, pp. 11-13.

20. Karl Barth, *Church Dogmatics* IV:1 (New York: Charles Scribner's Sons, 1956), 211-283.

21. Emil Brunner, *The Mediator* (London: Lutterworth, 1934), pp. 455-489.

22. G. C. Berkouwer, *The Work of Christ* (Grand Rapids: Eerdmans, 1965), pp. 135-180.

23. Pannenberg, pp. 278-280.

24. Leon Morris, *The Cross in the New Testament* (Grand Rapids: Eerdmans, 1965), *passim*.

25. C.E.B. Cranfield, *The Epistle to the Romans,* I (Edinburgh: T & T. Clark, 1975), pp. 106-112, 214-218.

26. José Míguez Bonino, *Christians and Marxists* (Grand Rapids: Eerdmans, 1976), pp. 95-102.

27. Debemos notar que la relación entre el "uno" y los "muchos" es una preocupación frecuente en el contexto, seguramente provocada por la disminución de la población en las guerras y el exilio: 49:19-21; 51:1-3, esp. 2; 53:10cd, 12ab; 54:1-13. De Abraham vinieron muchos; ahora son pocos; se reduce a un Siervo fiel en el Cuarto Canto; pero él tendrá descendencia; y habrá otra vez un crecimiento demográfico (Is. 54).

28. Franz Delitzsch, *Biblical Commentary on the Prophecies of Isaiah,* II (Edinburgh: T. & T. Clark, 1890[4]), 286-287.

29. Mowinckel, p. 221.

30. Westermann, p. 263. El hebreo es rico en palabras que expresan la sustitución penal, castigo, etc. W.S. Towner, "Retribution" en *Interpreter's Dictionary of the Bible, Supplementary Volume* (Nashville: Abingdon, 1976), pp. 742-744. Cp. Is. 53 en *Good News Bible: Today's English Version* (New York: American Bible Society, 1976). J.S. Whale observa: "El canto hace doce afirmaciones distintas y explícitas que el Siervo sufre el castigo [Inglés: *penalty*] de los pecados de

otros: no solamente el sufrimiento vicario, sino la sustitución penal es el claro sentido de los vv. 4-6", *Victor & Victim* (Cambridge University Press, 1960), p. 69.

31. G. Johannes Botterweck y Helmer Ringgren, editores, *Theological Dictionary of the Old Testament*, I (Grand Rapids: Eerdmans, 1974), 443s. *Idem, Diccionario Teológico del Antiguo Testamento* 1:4 (Madrid: Ediciones Cristiandad, 1973), col. 462-471.

32. *Ibid.*, p. 432. Cp. H. H. Rowley, *Worship in Ancient Israel* (Philadelphia: Fortress Press, 1967), pp. 127-131, 142-143.

33. *Ibid.*, p. 433. Así da cierta base exegética para la teología de Anselmo (satisfacción).

34. Hanks, p. 162. Cp. Martin North, *Leviticus* (Philadelphia: Westminster Press, 1965), p. 24.

35. Maximiliano García Cordero, *Biblia Comentada*, III (Madrid: BAC, 1967), 320.

36. Morris, pp. 323-325; cp. pp. 414-419 sobre "substitution" C.E.B. Cranfield, citado en Morris, p. 325.

37. Edward Gordon Selwyn, *The First Epistle of St. Peter* (London: MacMillan, 1955), p. 180.

38. Véase las notas 15-25.

39. Mowinckel, p. 218; Westermann, p. 267.

40. Israel W. Slotki, *Isaiah*, Soncino Books of the Bible (London: Soncino Press, 1949), p. 264.

41. E. Kautzsch y A. W. Cowley, editores, *Gesenius' Hebrew Grammar* (Oxford: Clarendon Press, 1910), p. 144ss.

42. Gerhard von Rad, "Faith Reckoned as Righteousness", *The Problem of Hexateuch and other Essays* (New York: McGraw-Hill, 1966), pp. 125-130; *idem, Estudios sobre el Antiguo Testamento* (Salamanca: Sígueme, 1976), pp. 123-128.

43. Young, p. 357. Véase además Hanks Kung, *Justification* (London: Thomas Nelson & Sons, 1964), pp. 208-221.

44. Cranfield, pp. 214-218.

45. Jon Sobrino, *Cristología desde América Latina* (México: Centro de Reflexión Teológica, 1976), p. 148. Véase el Apéndice I.

46. KB², p. 604; Holladay, p. 232.

47. Lv. 4:6, 12; 5:9; 6:20 (2 veces); 8:11, 30; 14:7, 16; 27, 51; 16:14 (2 veces), 15, 19.

48. Von Rad, *Teología* II, p. 317.

49. Muilenburg, p. 618.

50. Von Rad, *Teología* II, p. 317.

51. Hunzinger, "Sprinkle", *Theological Dictionary of the New Testament* VI, Gerhard Kittel y Gerhard Friedrich, editores (Grand Rapids: Eerdmans, 1968), 977-894.

52. Young, p. 336s.

El judaísmo y las teologías de liberación
53. García Cordero, p. 322s.

54. H.H. Rowley, *The Servant of the Lord and other Essays on the Old Testament* (Oxford: Basil Blackwell, 1965²), p. 54. Von Rad, *Teología* II, 260.

55. Rowley, pp. 51-60.

56. Aun Young reconoció que la interpretación individual no es suficiente: "El siervo es el Mesías (Jesucristo) concebido como la Cabeza del pueblo, la Iglesia (Israel redimido). A veces es más prominente el cuerpo, a veces (por ejemplo el cap. 53) la Cabeza . . . Que los textos no hablan exclusivamente del Mesías es evidente porque (1) se le atribuye imperfección al siervo, 42:19; (2) es designado Israel, 41:8; 44:1; 49:3;

(3) otros textos aplican estos pasajes a la Iglesia: Jer. 11:19; Hechos 13:47; 2 Co. 6:2" (p. 109).

57. Rowley, p. 58s.

58. Westermann, p. 265.

59. Véase cap. I.

60. Gustaf Aulén, *Christus Victor* (London: SPCK, 1953 [orig. 1930]) *passim.* Cp. Whale, pp. 20-41; G. C. Berkouwer, *The Work of Christ,* pp. 327-342.

61. Gundry, p. 146.

62. BJ³ nota; Gundry, p. 146; McKenzie, p. 131; Young, p. 352s.

63. Mowinckel, p. 204s.

64. Mitchell Dahood, *Psalms 1-50,* Anchor Bible (New York: Doubleday, 1966), pp. 221-223.

65. Jürgen Moltmann, *El Dios Crucificado* (Salamanca: Sígueme, 1975), p. 462. Cp. Dayton Roberts, *El mundo se nos muere* (Miami: Editorial Caribe, 1976).

66. Westermann, p. 269.

67. *Ibid.,* p. 269.

68. Young, p. 359.

69. Hugo Assmann, "La Actuación Histórica del Poder de Cristo", en José Míguez Bonino, *Jesús: ni vencido ni monarca celestial* (Buenos Aires: La Aurora, 1977), p. 196.

70. *Ibid.,* p. 201.

4

Jesús libertador y
el año de Jubileo:
Una nueva interpretación de
Isaías 58,
partiendo de Lucas 4:18,19

La inserción de una frase de Isaías 58:6 ["dejar libres a los oprimidos"] en medio de la cita que Jesús hace de Isaías 61:1-2 en la sinagoga de Nazaret (Lc. 4:18-19), no parece haber sido nunca explicada en forma adecuada. Un escritor, recientemente, llega incluso a concluir que "esta no afecta el sentido",[1] conclusión que queremos analizar y refutar. I. Howard Marshall, en un intento por salir del paso, concluye: "La conjunción de dos pasajes proféticos muy difícilmente puede haber ocurrido en una lectura en una sinagoga, y probablemente se debe a la actividad exegética cristiana".[2] Es sorprendente que un problema tan obvio, en un texto tan fundamental para la comprensión que Jesús tenía de su misión,[3] haya recibido tan poca atención en los comentarios clásicos y en la literatura erudita.

La hipótesis que nos proponemos defender aquí es que la conjunción de los dos textos (Is. 61:1-2; 58:6) se explica mejor si se reconoce que *ambos* reflejan la enseñanza de Levítico 25 respecto al año de Jubileo; además, que la originalidad y osadía ejemplificadas en haberlos relacionado se explican mejor si son vistos como reflejo de la propia visión exegética y pasión por la liberación del mismo Jesús.

Que Is. 61:1-2 se refiere al año del Jubileo es un hecho tan ampliamente reconocido que no necesita defensa.[4] Es de extrañar, entonces, que la relación entre Isaías 58 y el Jubileo parezca no haber sido notada. Sin embargo, las siguientes razones apuntan con claridad en esa dirección.

1. Desde el punto estructural, Isaías 58:1-12 se da en una sección enmarcada a propósito como enseñanza sabática. Tal y como Westermann afirma, al comentar Is. 58: 13-14: "Puesto que en el cap. 59 comienza una nueva sección, uno puede suponer que las dos admoniciones respecto del sábado, 56:1ss. y 58:13ss., fueron diseñadas a propósito como marco de la sección de los caps. 56-58".[5] El Jubileo, como año sabático, ocurre también en un contexto sabático. La conclusión de la enseñanza del Jubileo hasta incluye una exhortación a guardar el sábado (Lv. 26:2) notablemente similar a Is. 58:1-14.

2. La pregunta y el tema básicos de Is. 58 se refieren a qué constituye el ayuno apropiado (vv. 3-6). Aunque en el período posexílico se comenzaron a observar otros cuatro ayunos (Zac. 7:3; 8:18), el único ordenado en la Ley es el día de la Propiciación (Lv. 26:29-31). El año del Jubileo comenzaba precisamente en ese día (Lv. 25:9), el día de ayuno por excelencia. Westermann hace notar el problema que surgió a consecuencia de los ayunos adicionales y concluye que Is. 58:12 "contribuyó a que fueran dejados".[6] El ayuno del día de la Propiciación, tal y como lo prescribía la Ley, era muy difícil que se pudiera dejar; por esto podemos decir que Is. 58:1-12 propone la observancia apropiada del único ayuno verdadero, que incluye las provisiones del Jubileo para los pobres, oponiéndose a la multiplicación de ritos meramente religiosos carentes de toda dimensión ética (cp. Zac. 7:3-7, 8-10).

El único ayuno verdadero es denominado dos veces como el ayuno que Yahveh "escoge" *(bahar)*, 58:5, 6. Incluye las estipulaciones del Jubileo para lograr una revolución socioeconómica, lo cual contrasta con la tendencia más tardía de multiplicar ritos religiosos sin contenido ético. Volz argumenta: "Todo hace pensar que el líder profético estaba hablando en público; quizás en la sinagoga durante una asamblea de ayuno".[7]

3. Is. 58 comienza con la exhortación divina hecha al profeta:

Grita a voz en cuello, sin cejar,
alza la voz como una *trompeta (sofar)*

La inauguración del año del Jubileo debía ser anunciada con poderosos toques de trompeta *(sofar)* que fueran oídos en todo el país (Lv. 25:9). La misma palabra Jubileo es traducción de una palabra menos común que sin duda significaba una clase especial de trompeta *(yobel)*. Con voz fuerte, como sonido de trompeta, el profeta es llamado a denunciar

. . . a mi pueblo sus delitos
a la casa de Jacob sus pecados (58:1cd).

Tal declaración sería sobre todo apta para el día de la Propiciación cuando comenzaba el Jubileo. Jacob fue infame por haber codiciado la primogenitura y la bendición destinadas a su hermano, por lo que lo perdió todo (temporalmente), exilado de la casa de su padre (Gn. 27ss); de ahí que el profeta se refiera al pecado de Israel (descuidar el hacer justicia al pobre, ambicionar y arrebatar sus tierras) con el nombre del patriarca.

4. Is. 58:2 se refiere a un estatuto *(mispat)* de Dios que ha sido olvidado, con lo que se provoca esta gran injusticia y opresión. La ley del Jubileo, que era una de las garantías más seguras de Israel para un orden social justo, fue también una de las más descuidadas. La erudición reciente pone en tela de juicio las anteriores corrientes que tendían a descartar el Jubileo por considerarlo una noción sacerdotal absurdamente idealista;[8] sin embargo, es indudable que es-

ta es la provisión de la Torah que mejor calza con la descripción de un estatuto olvidado.

5. Is. 58:5 se refiere al día del ayuno (el día de la Propiciación) como un "día aceptable" *yom ratson,* mientras que Is. 61:2 habla de un *"año* aceptable" *(senat ratson).* Esta última expresión sin lugar a dudas (cp. la proclamación de libertad a los cautivos 61:1) se refiere al año del Jubileo. Es decir, el *"año* aceptable" (Jubileo, Is. 61: 3) ha de ser inaugurado con el *"día* aceptable" (Is. 58:5), el día de ayuno de la Propiciación.

6. Tal y como discernió Jesús (quizás durante el ayuno de 40 días en el desierto), Is. 58:6 hace clara referencia a la estipulación básica del Jubileo (la emancipación general de los esclavos para que vuelvan a sus patrimonios), inaugurada con el día de ayuno de la Propiciación:

> ¿No será éste el ayuno que yo escogí:
> desatar los lazos injustos,
> deshacer las coyundas del yugo,
> despedir libres a los oprimidos,
> y romper todo yugo?

La referencia al Jubileo se evidencia del modo más claro en la provisión que envía al esclavo emancipado (a su patrimonio y a su clan). Sin embargo, tal y como apunta Westermann, el tema particular de cada una de las últimas cuatro líneas del versículo es la liberación (cp. el versículo siguiente, en el que cuatro líneas describen cuatro actos distintos).[9] Los "lazos injustos" se refiere a que los esclavos son retenidos en forma injusta contrariamente a la Torah que prescribía su libertad después de seis años de servicio.[10]

Si bien desde el punto de vista lingüístico la acción de enviar a los esclavos liberados no se refiere por necesidad a la liberación del Jubileo, es una descripción apropiada de ese acontecimiento. Además, todas las alternativas posibles que favorecen el "estatuto olvidado" se descartan por diversos factores:

(a) Ex. 21:1-6 y Dt. 15:12-18 no describen una emancipación *general;* de acuerdo con estos estatutos, los esclavos debían ser liberados *cuando se completaran* sus seis años de servicio.

(b) Dt. 15:1-11 se refiere a la terminación o suspensión de deudas, pero no dice nada sobre liberar a esclavos.

(c) Lv. 25:1-7 prescribe que la tierra debe permanecer en barbecho cada año sabático, pero no dice nada sobre liberar a esclavos.

Por tanto, sólo las prescripciones de Jubileo que aparecen en Lev. 25:8-55 reúnen los diversos factores referidos en Is. 58.[11]

Westermann, luego de haber señalado el énfasis cuádruple de Is. 58:6 en dar libertad a los hombres, concluye: "la liberación de cualquier tipo de opresión ocupa el lugar preferencial".[12] Esto se explica como algo que se enraiza históricamente en la experiencia reciente del pueblo, "una repercusión directa de lo que la nación entera había experimentado, opresión en el exilio".[13] Las leyes del Jubileo terminan con un énfasis parecido:

Porque los israelitas me pertenecen como siervos: son siervos míos, a quienes saqué de Egipto.

Yo soy Jehová, su Dios (Lv. 25:55).

7. El ayuno mandado por Dios ha de ser cumplido, sobre todo, realizando la acción sociopolítica dinámica de liberar a los deudores esclavizados y con las medidas económicas radicales por las que les son devueltas sus propiedades; no obstante esto, las necesidades de algunos eran demasiado apremiantes como para esperar los beneficios de drásticos cambios estructurales en el nivel sociopolítico. Por lo tanto, el profeta también dice que el ayuno divinamente instituido significa:

. . . partir tu pan con el hambriento, hospedar a los pobres sin techo, vestir al que ves desnudo y

no cerrarte a tu propia carne (Is. 58:7; cp. v.
10).

De nuevo, pues, el ayuno ordenado por Yahveh sigue la
pauta de las provisiones del Jubileo, por las que se le orde-
na a Israel traer al pobre sin hogar a la propia casa (Lv.
25:35c, 36c) y brindarle alimento sin cobrarle (25:35,
37b). El mandamiento de "no cerrarte a tu propia carne
(basar)", puede que refleje el énfasis en el "hermano" que
aparece en las regulaciones compensatorias de la segunda
mitad de Lv. 25 (vv. 25, 35-36, 37, 47), concepto que el
pasaje amplía para incluir al extranjero y al peregrino.[14]

La naturaleza programática de Isaías 58 en el pensamiento de Jesús se evidencia porque no solo inserta en forma atrevida la frase de 58:6 en su sermón *inaugural,* sino
también porque, de acuerdo con el Evangelio de Mateo,
concluye su enseñanza con una parábola del juicio final
(la separación de las ovejas de los cabritos), a modo de glo-
sa de Is. 58:7.[15]

8. Una de las provisiones básicas del año del Jubileo es la
cancelación de todas las deudas (Lv. 25:10, 35-55; cp.
Dt. 15:1-11). Los comentaristas se han sentido perplejos
por la afirmación en Is. 58:4a:

miren: ayunan entre riñas y disputas,
dando puñetazos sin piedad.

Parece muy inadecuado explicar reacciones tan violen-
tas diciendo "los que ayunan se ponen irritables y moles-
tos".[16] Sin duda es preferible relacionar la violencia expresada en 4a con la situación descrita en 3b en la traducción que sugieren Köhler y Kessler:[17]

Miren, en el día de su ayuno ustedes buscan su
propio *negocio* y apremian a sus deudores.[18]

Cualquiera que sepa algo de los métodos brutales de co-
bro empleados contra los pobres, sobre todo por los usure-
ros, no se sorprenderá de que la violencia formara parte de
los intentos por apremiar a los pobres en Israel a que pa-
garan. Hay contraste patente entre estas acciones y la exen-

ción de los pagos y la liberación de los esclavos, prescritos por la ley divina como parte del verdadero ayuno en Lv. 25 y en Is. 58.

9. En Is. 58:9b tenemos otra clave más acerca del contexto de Jubileo en que se ubica el sermón del profeta:

Si destierras de ti los yugos,
y el señalar con el dedo, y las acusaciones falsas;
si das tu pan al hambriento
y sacias el estómago del oprimido . . .

El señalar con el dedo se entiende mejor como algo que refleja acusaciones falsas (NEB), no como poner a alguien en ridículo.[19] Sin duda el relato de la intriga de Jezabel para apropiarse de la viña de Nabot para el rey Acab representa un caso extremo. Pero bien se puede uno imaginar innumerables intrigas y cargos mezquinos de índole similar, convertidos en justificaciones para continuar oprimiendo al pobre. La proclamación del Jubileo exigía que los terratenientes israelitas restauraran los derechos de propiedad de los deudores esclavizados. *Sin duda alguna muchos de ellos en esa época se vieron tentados a justificar e institucionalizar sus posiciones privilegiadas por medio de acusaciones inventadas, con difusión de falsos rumores sobre la inmoralidad de los pobres y su incapacidad para manejar sus propios asuntos. Ante tal legitimación de privilegios, el profeta llama la atención de los ricos y poderosos para que cumplan con sus obligaciones de Jubileo al pie de la letra, eliminando los yugos de esclavitud y alimentando a los hambrientos.*

10. En su sermón inaugural en Nazaret, Jesús cita el texto del Jubileo: Is. 61:1-2, refiriéndose en forma explícita al Jubileo ("para proclamar el año de gracia del Señor") como conclusión. Rompe el paralelismo de la poesía hebrea al omitir la conclusión referente al "día de venganza de nuestro Dios". No creemos que esto lo hiciera para negar la realidad del juicio divino (como los liberales han di-

cho a veces), puesto que dicho juicio se menciona a menudo en su enseñanza. Más bien, la intención de Jesús se entiende mejor si se ve como un intento de enfatizar lo más posible en su propio ministerio de liberación la naturaleza programática del año del Jubileo. Su intención de enfatizar la liberación derivada del Jubileo podría pasar desapercibida si sólo hubiera interrumpido la lectura del texto en medio de una oración; pero se hace patente de modo ineludible por razón de la inserción atrevida y abrupta de la frase de Is. 58:6 ("dejar libres a los oprimidos"). La intención y visión exegéticas de Jesús se aclaran sobre todo por la selección de la frase más explícita del texto sobre el Jubileo en el versículo que más enfatiza (con cuatro líneas sinónimas) la liberación del Jubileo.

El "enviar libres" se refiere claramente, entonces, a la liberación de los esclavos y a su envío de regreso a los patrimonios recobrados. La promesa culminante de Is. 58 (14c) es muy apta para este tema del Jubileo. Tal y como lo expresa la Nueva Biblia Española: "te alimentaré con la *herencia* de tu padre Jacob". La referencia a Jacob es, sin duda, una alusión deliberada al nombre del patriarca en 58:1d, que forma como una inclusión e indica la unidad del capítulo. Los versículos 13-14 enfatizan las glorias que vienen por la observancia del *día* del sábado; lejos de ser una porción inconexa de enseñanza sobre el sábado, estos versículos constituyen una conclusión apropiada para un capítulo que proclama lo importante que es la observancia del *año* sabático del Jubileo. El *día* del sábado, tal y como lo enseñaba claramente el Deuteronomio (5: 12-15) había de ser, cada semana, un éxodo liberador en miniatura, sobre todo para la clase trabajadora; el año del sábado del Jubileo representaba al mismo tipo de Exodo-liberación, pero a gran escala. La forma más segura de gozar el fruto de los patrimonios familiares, las promesas de los profetas, no es codiciando y arrebatando (o reteniendo) las tierras de otros, sino observando fielmente la estipulación del sábado semanal y el año del sábado del Jubileo.[20]

Conclusión

Nuestra conclusión es entonces que Isaías 58 muestra muchos indicios de tener relación con la enseñanza del Jubileo de Levítico 25. Si tenemos razón al afirmar la relación entre Isaías 58 y el Jubileo, podemos apreciar lo apta que es la inserción que hace Jesús de una frase de Isaías 58:6 al citar a Isaías 61:1-2, en su sermón en Nazaret. Con este método destacó la dimensión liberadora de su propio ministerio y su comprensión del reinado de Dios como algo que involucra la clase de revolución socio-económica visualizada en la provisión del Jubileo.[21] Un escritor judío comenta que las leyes del sábado en el Antiguo Testamento constituyen "la legislación social más radical anterior al siglo veinte".[22]

La precisa tradición textual empleada en Lucas 4:18-19 (que no sigue ni al texto masorético ni a la Septuaginta) bien puede reflejar una "actividad compiladora cristiana".[23] Pero el atrevimiento y la originalidad evidentes en la conexión de Isaías 58:6 con 61:1-2 se explican mejor si se los considera enraizados en la propia visión profética de Jesús.[24]

En un artículo reciente sobre el año del Jubileo, A. van Selms concluye: "Aplicados a las naciones, los principios subyacentes en el Jubileo *condenan el colonialismo permanente* y la explotación desenfrenada de la tierra, lo cual va en detrimento de sus habitantes".[25]

Sería difícil encontrar una descripción más sucinta de la política tradicional de los Estados Unidos en América Latina, resumida en la larga oposición a los nuevos tratados para el Canal de Panamá y en el apoyo tradicional a Somoza. Después de celebrar con mucho fervor el bicentenario de su propia revolución (1776), ¿no podríamos esperar acaso un poquito de "rompimiento de yugos" para Latinoamérica? ¿O es que el símbolo más apropiado para un país que predica la libertad y practica la opresión seguirá siendo una campana de la libertad quebrada, conteniendo las palabras de Lv. 25:10 ["Pregonaréis libertad en la tierra"]? Si Jesús fuera a repetir en muchas de las iglesias de los Estados Unidos su revolucionario sermón basado en el Jubileo, es de temer que de nuevo buscarían la manera de empujarlo por un precipicio (¡Acompañada la acción, sin duda alguna, de denuncias de "violencia marxista"!).

Recientemente, cuando un grupo de profesionales evangélicos costarricenses señalaron la pertinencia de la enseñanza bíblica del Jubileo en el caso del asunto del Canal de Panamá, un prominente teólogo estadounidense arguyó que la aplicación era inapropiada porque sería virtualmente imposible encontrar a los "verdaderos dueños originales". Sin embargo, esta objeción indica que no se comprende el principio básico y el espíritu esencial de las leyes del Jubileo, cuyo fin era asegurar relaciones económicas justas y evitar extremos de pobreza y abundancia.[26] Fue con base en esto que los profetas del siglo VIII castigaron a sus contemporáneos que

añaden casas a casas
y juntan campos con campos,[27]

encallecidos respecto a los derechos y necesidades de los pobres.

El intento del teólogo estadounidense por eximir a los Estados Unidos de toda responsabilidad con relación a Panamá, suena demasiado parecido a la racionalización de los fariseos desenmascarados por nuestro Señor en el capítulo 7 de Marcos:

Y añadió: ¡Qué bien echan a un lado el mandamiento de Dios para plantar su tradición! Porque Moisés dijo: "Sustenta a tu padre y a tu madre", y "el que deje en la miseria a su padre y a su madre tiene pena de muerte". En cambio us-

tedes dicen que si uno le declara a su padre o a
su madre: "Los bienes con que podría ayudarte
los ofrezco en donativo al templo", ya no le
permiten hacer nada por su padre o por su madre, invalidando el mandamiento de Dios con esa
tradición que han transmitido; y de éstas hacen
muchas (vv. 9-13).

Los evangélicos estadounidenses tienen una tradición
capitalista. Tanto ellos como las instituciones latinoamericanas que ellos apoyan necesitan tener cuidado; si no, esta
tradición los va a hacer sordos a la revolucionaria enseñanza social de Cristo y de las Escrituras que El vino a
cumplir. Los cristianos en todas partes deben escuchar
lo que el Espíritu está diciendo por medio de las iglesias
en América Latina; si se hace, se podrá descubrir lo que significa predicar un evangelio que es realmente Buenas Nuevas para los pobres (Lucas 4:18-19). Si por el contrario,
en lugar de ocuparnos del evangelio bíblico nos preocupa-
mos por proporcionar "racionalizaciones para los ricos",
de hecho estaremos predicando "otro evangelio" (Gá. 1:6-
9; 2 Co. 8:9).[28]

Apéndice III

¿UNA FECHA COMUN PARA ISAIAS 58 Y LEVITICO 25?

Tradicionalmente la iglesia creía que Lv. 25 venía de Moisés (ca. 1300 a.C.) e Is. 58 del siglo 8 a.C., sin ningún vínculo particular.[29] Pero los que aceptan las conclusiones comunes de la alta crítica moderna encontrarán un argumento adicional para el vínculo entre los capítulos.

Westermann concluye que la actividad del Trito-Isaías (el autor de los capítulos 56-66) "cayó entre 537 y 521, tal vez ca. 530".[30] El afirma que Is. 58 forma una parte del núcleo auténtico, conservada y transmitida por un grupo que recalcó la importancia de guardar el sábado.[31]

Lv. 25, según la hipótesis común, forma parte del Código de Santidad (Lv. 17-26), que recibió su redacción final durante el exilio, antes de ser incorporado en el estrato P (sacerdotal).[32]

No solamente el sábado, sino también una preocupación por los derechos de extranjeros, es evidente en ambos contextos (Lv. 24:10-23; Is. 56:3-8). Las fechas de Lv. 25 e

Is. 58 así no parecen estar muy distanciadas y pueden ser muy cercanas.

Westermann señala que el estilo de Is. 58 incluye una exhortación profética y una promesa condicional de bendición. Así es "sintomática del acoplamiento del hablar litúrgico y profético que está en armonía con el cambio manifestado en la profecía después del exilio".[33]

Hemos concluido que Is. 58 parece haber tenido una relación con la enseñanza del Jubileo en Lv. 25. Van Selms sugiere que Jer. 34 apunta hacia un Jubileo postergado que se celebró bajo Zedequías en 588.[34] Si fuera así, Is. 58 podría darnos el sermón de Trito-Isaías para el ayuno del sábado para el día de Propiciación que inauguró el año Jubileo de 538, el primer año después de volver del exilio. Por otro lado, Trito-Isaías podría haber seguido la cronología levítica, que calculó 49 años de barbecho requerido para la tierra (586-537); cp. Lv. 26:35, 46. Las referencias a las casas todavía en ruinas (58:12; 61:4) caben bien con estas fechas tempranas (538-537).

Sin embargo, en los primeros años posexílicos la observación del barbecho para la tierra hubiera sido casi imposible. Por eso, una fecha 7 años después del exilio, ca. 530 (que Westermann favorece) es una buena posibilidad. De todos modos Is. 58 y Lv. 25 (en su redacción final) parecen reflejar una época y un ambiente comunes.

NOTAS

1. R.T. France, *Jesus and the Old Testament* (London: The Tyndale Press, 1971), p. 134.

2. I. Howard Marshall, *Luke: Historian and Theologian* (Grand Rapids: Zondervan Publishing House, 1971), p. 119. Cp. su comentario posterior, *The Gospel of Luke* (Exeter: The Paternoster Press, 1978), pp. 182-184. Véase también la conclusión de Hugh Anderson de que Lucas probablemente citó libremente y de memoria el texto de Is. 61:1-2 de la LXX, e insertó Is. 58:6 como sustituto de la referencia a un día de desquite (Is. 61:2): "Lucas creía que a partir del rechazo de los judíos al evangelio, este había sido dado a los gentiles. Por lo tanto, podemos detectar en la configuración y la forma de la cita isaiana de Lucas 4:18-19, la intervención propia de Lucas y el punto de vista teológico propio de Lucas". "Broadening Horizons: The Rejection at Nazareth Pericope of Luke 4:16-30 in Light of Recent Critical Trends", *Interpretation* 18:3 (Julio, 1964), p. 269.

3. Tal y como lo dice R.T. France: "La ocasión es el comienzo del ministerio público de Jesús y la cita es, por así decirlo, un manifiesto en el que se expone su programa". *Op. cit.*, p. 134.

4. Claus Westermann, *Isaiah 40-66: A Commentary* (Philadelphia: The Westminster Press, 1969), pp. 366-367. Véase también Edward J. Young, *The Book of Isaiah* (Grand Rapids: Eerdmans, 1972), III, 459. Las bases para ver en Is. 61:1-2 una referencia al Jubileo son bastante obvias:

   (1) El mensaje profético se dirige sobre todo a los pobres, muchos de los cuales se encuentran también en prisión (probablemente por deudas).

   (2) La palabra hebrea *deror* ("poner en libertad, emancipación [de esclavos], KB[2], p. 217) ocurre solo 7 veces en el Antiguo Testamento (Lv. 25:10; Jer. 34:8, 15, 17 [dos veces]; Ez. 46:17; Is. 61:1), generalmente, si no siempre, con referencia al Jubileo. Las referencias de Jeremías pueden discutirse, pero es obvio que se refieren a un acontecimiento que excede las provisiones del año sabático.

   (3) Cuando *deror* va con la palabra *qara* (proclamar), la referencia al Jubileo resulta aun más clara.

(4) La referencia en Is. 61:2 a la proclamación de un *año* de gracia de Yahveh parecería remachar el argumento. Solo las leyes del Jubileo pueden explicar todos estos factores. Véase Robert North, *Sociology of the Biblical Jubilee* (Rome: Pontificio Instituto Bíblico, 1954), p. 228.

5. Westermann, p. 340.

6. *Ibid.*, p. 335. Es común encontrar el mismo énfasis exagerado en ayunos y cultos en círculos carismáticos y pentecostales hoy.

7. Citado por Westermann, p. 334.

8. A. van Selms, "Jubilee, Year of" en *The Interpreter's Dictionary of the Bible: Supplementary Volume* (New York: Abingdon Press, 1976), p. 497.

9. Westermann, p. 337.

10. La *New English Bible* destruye la bella progresión de la poesía hebrea, invirtiendo el orden de las últimas tres líneas y diciendo:
    hacer saltar los cerrojos de los cepos,
    romper todos los cepos
    y dejar libres a los oprimidos.
    Con esto se gana en cuanto al paralelismo preciso ("cepos" en versos sucesivos), y resuelve la metáfora en un último verso culminante; pero sin duda que lo que el orden hebreo quiere señalar es que al animal primero se lo suelta con suavidad y cuidado; sólo entonces se quiebran con fuerza los yugos para evitar el retorno a la esclavitud (como ocurriera en tiempos de Jeremías; véase capítulo 34).

11. Jeremías 34 (cuando la liberación de los esclavos estaba retrasada desde hacía mucho tiempo y ya se había proclamado una emancipación general) inevitablemente tomó mucho prestado del carácter esencial del año del Jubileo, cualquiera que fuese la fecha u ocasión. Véase John Bright, *Jeremiah* (The Anchor Bible) (Garden City, New York: Doubleday, 1965), pp. 223ss.

12. Westermann, p. 337.

13. *Ibid.*

14. Martin North, *Leviticus: A Commentary* (Philadelphia: The Westminster Press, 1965), p. 191; pero cp. p. 189.

15. Westermann, p. 337. Véase Mateo 25:31-46.

16. Young, p. 418.

17. Citado en Westermann, p. 336, Cf. KB^2, p. 726 *'atsab;* p. 674 *'abat.*

18. El hebreo *nagas* puede comportar el sentido de "exigir (contribución)" o "presionar (a un deudor para que pague), apremiar" de acuerdo con KB^2, p. 594.

19. Volz, citado por James Muilenburg, *The Interpreter's Bible* Vol. V (New York: Abingdon Press, 1956), p. 652.

20. Este rasgo de Isaías 58 ilustra bien la frase tan a menudo citada de la teología latinoamericana de la liberación: *"El Exodo no permanece como una experiencia pasada, ocurrida en un espacio y tiempo bien definidos. Pasa a ser el paradigma para la interpretación de todo el espacio y de todo el tiempo".* Rubem Alves, citado en Hugo Assmann, *Teología desde la praxis de la liberación* (Salamanca: Sígueme, 1973), p. 54.

21. John Howard Yoder, *The Politics of Jesus* (Grand Rapids: Eerdmans, 1972), pp. 64-77.

22. B.Z. Wacholder, "Sabbatical Year" en *The Interpreter's Dictionary of the Bible: Supplementary Volume* (New York: Abingdon Press, 1976), p. 762.

23. Marshall, *Luke: Historian*, p. 119. Jesús bien puede haber citado por extenso (y luego predicado) tanto Isaías 58 como 61. Lucas, o la actividad compiladora cristiana que incorpora, puede que solo nos de entonces los textos claves. En *The Gospel of Luke* Marshall llega hasta a afirmar: "La inserción (Is. 58:6) no agrega nada al sentido, y es difícil ver por qué fue hecha . . . , a menos quizás que debamos enfatizar la idea del perdón . . . (p. 184)".

24. Véase la conclusión de B. Reicke citada por Marshall, *The Gospel of Luke*, p. 182s. Es notable que en Lucas 7:22 ocurra una vinculación similar de Is. 61:1-2 con otro texto profético, a saber, Is. 35:5-6. De nuevo Lucas parece atribuir la vinculación a Jesús mismo.

25. Van Selms, p. 498. Por supuesto se puede aplicar nuestro texto a los colonialismos rusos, chinos, etc. Pero no es este el problema actual en América Latina.

26. Robert North, *passim*. También los fariseos del primer siglo pudieron haber objetado que los "verdaderos dueños originales" fueron los cananitas de antaño y no los pobres de Israel.

27. Is. 5:8; cp. Mi. 2:2; Am. 8:4.

28. Ronald J. Sider, *Rich Christians in a Hungry World* (Downers Grove: Intervarsity Press, 1977), *passim*. En 2 Co. 8:9 Pablo hace ver claramente que la pobreza de Jesús no es un asunto periférico de "ética social", sino algo intrínseco al evangelio mismo.

29. Para una defensa de esta postura véase Edward J. Young, *Una introducción al Antiguo Testamento* (Grand Rapids: TELL, 1977) *en loc.*

30. Westermann, p. 296.

31. *Ibid.*, p. 306.

32. Georg Fohrer, *Introduction to the Old Testament* (New York: Abingdon Press, 1968), p. 142.

33. Westermann, p. 334.

34. A. van Selms, p. 498.

35. Westermann, p. 296.

5

El cristiano auténtico: su compromiso y praxis

Una meditación sobre Lucas 4:18,19

Introducción

Muchos en América Latina están convencidos de que el mensaje de Jesús ya no sirve, que es alienante, domesticador, incluso opresor. Lo ven como otro ejemplo de la religión que Karl Marx tildó de *opio del pueblo*. Otros afirman, con San Pablo, que el evangelio auténtico es la *"dinamita divina"* (Ro. 1:16) para la liberación íntegra de la humanidad y de todo el cosmos. ¿Quién tiene razón?

Sobre todo desde la conversión del emperador romano Constantino (312 d.C.) la historia de la Iglesia está repleta de ejemplos del uso de textos bíblicos y doctrinas teológicas para domesticar y oprimir a los pobres. El resultado inevitable ha sido la alienación casi total de los campesinos, obreros y estudiantes de la Iglesia institucionalizada en muchos lugares.

Pero Marx y Engels mismos indicaron claramente en sus escritos que no fue siempre así: la Iglesia surgió como un movimiento entre pobres y esclavos.[1] Muchos de los principios e ideales del marxismo tienen raíces históricas innegables en las denuncias de los profetas, las enseñanzas de Jesús y las prácticas socializantes y comunitarias de la iglesia primitiva.[2]

Hoy las enseñanzas de Jesús se prestan a mucha tergiversación. Sus pretendidos seguidores pelean entre sí, a veces dentro de un mismo cuerpo eclesiástico.

—Para algunos el discípulo auténtico de Jesús es el "católico ortodoxo" que defiende la teología y la política tradicionales de la Iglesia contra toda tendencia modernista, herética e izquierdista. Jesús se entiende como defensor del *statu quo* y sus valores.

—Para otros, al contrario, solamente es cristiano genuino el que ve en Jesús a un líder guerrillero al estilo de Che Guevara o Camilo Torres: alguien que ataca el *statu quo* y busca cambiar la doctrina, piedad y política tradicionales.

—Además varios abogan en favor de un Jesús protestante, un reformador de la Iglesia al estilo de Martín Lutero, o un líder carismático que sana gran número de enfermos. Otros hablan de Jesús como de un "gurú" al estilo de las religiones orientales.

¿Cómo es posible que existan nociones tan contradictorias en cuanto a Cristo y su mensaje?

En las Sagradas Escrituras hay un texto clave donde Jesús mismo explica con claridad su propósito y misión. Es un texto de sabor profético que varios teólogos latinoamericanos (de múltiples afiliaciones eclesiásticas y políticas) están reconociendo como básico para poder contestar la pregunta: *"¿Cómo debe ser el compromiso y la praxis del cristiano auténtico en la actualidad en América Latina?"*

Se encuentra en el Evangelio de San Lucas, al principio mismo del ministerio de Jesús (después de su bautismo y tentación):

El Espíritu del Señor es sobre mí,
porque me ha ungido
para anunciar a los pobres la Buena Nueva,

me ha enviado a *proclamar* la *liberación* a los
cautivos
y la vista a los ciegos,
para *dar* la *libertad* a los oprimidos
y proclamar un año de gracia del Señor.

(4:18-19 Biblia de Jerusalén)

1. La situación humana: cuatro caras de la pobreza

Si examinamos cuidadosamente las palabras de Jesús en este texto, resulta impresionante el análisis que hace de la situación humana por su sobrio realismo y además por su obvia pertinencia para nuestros países.

1.1 *Los pobres.* Jesús se dirigió a "los pobres", el grupo socioeconómico más numeroso en la Palestina del primer siglo y también en los países de América Latina hoy. Y no solamente se dirigió a ellos. *Se puso al lado de ellos,* como San Lucas deja bien claro en su relato del nacimiento virginal de Jesús en el contexto precedente (Lc. 1-2). Después de contar el nacimiento de Jesús de una aldeana humilde (pero con aspiraciones revolucionarias, Lc. 1:51-54), San Lucas narra cómo Jesús se sometió al bautismo de Juan el Bautista, un tipo de profeta "socialista" que llamó a los ricos a que expresaran la autenticidad de su arrepentimiento con el reparto de sus bienes a los pobres (3:10-11). En la tentación que siguió a su bautismo Jesús sufrió hambre por 40 días (4:2). Es evidente, pues, que cuando Jesús se dirigió a los pobres con "una buena noticia", lo hizo no "desde arriba", sino "desde abajo": como alguien que compartía con ellos sus sufrimientos y frustraciones. Por ello el apóstol Pablo puede sintetizar toda su doctrina de la encarnación del Hijo de Dios en estas palabras:

"Porque ustedes ya conocen la gracia de nuestro
Señor Jesús el Mesías: siendo rico, *se hizo pobre*
por ustedes"... (2 Co. 8:9).

1.2 *Los cautivos.* La pobreza puede ser soportable por un tiempo si hay esperanza, si uno ve posibilidades de salida, de cambiar la situación. Pero en la Palestina del primer siglo como en nuestros países, lo trágico es que la gran mayoría se encuentran atrapados, encarcelados en su miseria, sin posibilidades de mejorar su situación. Cuando leemos la palabra "cautivos", pensamos en primer lugar en criminales o en prisioneros políticos. Pero en la época de Jesús era más común matar a los criminales, en lugar de dejarlos encarcelados por largos períodos. La mayoría de los cautivos se encontraban encarcelados no por crímenes sino por *deudas.*[3] Es decir que Jesús, al dirigirse a los pobres y cautivos, no está pensando en dos grupos distintos, sino en un grupo —los pobres— descritos en dos maneras o formas de vida.

1.3 *Los oprimidos.* Además Jesús describe a los pobres como "oprimidos". Con este término se refiere a la *causa principal* de la pobreza según la Biblia, que es la opresión, la fuerza injusta. En la década de 1960-70 era común atribuir la pobreza del Tercer Mundo a la falta de "desarrollo". Es notable, sin embargo, que la Biblia nunca atribuye la pobreza al "subdesarrollo"; sí hace bien patente que la causa principal es la injusticia y la opresión (existen en el hebreo del Antiguo Testamento unas diez raíces verbales, que ocurren aproximadamente 300 veces, para expresar la opresión; véase el capítulo I).

1.4 *Los ciegos.* Si las otras palabras en el contexto (cautivos, oprimidos) describen a los pobres, es de esperar que "ciegos" sea otra designación del mismo grupo desvalido, aunque no sea tan obvio para el lector moderno. Así el mismo San Lucas nos narra cómo Jesús, al acercarse a Jericó, encontró "un *ciego,* sentado junto al camino, *pidiendo limosna"* (18:35). De las siete referencias a personas ciegas en Lucas, seis veces el contexto menciona la pobreza como situación relacionada.[4] Sin duda también la ceguera en Lc. 4:18 representa todas las enfermedades que sufren los pobres, además de la falta de comprensión y lamentable dependencia.

"¿Podrá un ciego guiar a otro ciego?
¿No caerán los dos en el hoyo?" (Lc. 6:39).

Es decir, es malo ser pobre, es peor ser atrapado (encarcelado) en la miseria sin poder salir; y lo peor de todo es ser ciego y no darse cuenta de los mecanismos injustos que producen la pobreza, la opresión y la enfermedad.

Resulta claro, pues, que la buena noticia ("evangelio") que Jesús trajo es *para los pobres*. Se puso al lado de ellos, les habló desde abajo. Los describe como pobres, cautivos, ciegos (enfermos) y oprimidos (injustamente forzados a quedarse pobres). Por supuesto Jesús habló también a los ricos, y los invitó a seguirlo. Pero su mensaje para ellos no era precisamente una "buena noticia" (cp. el joven rico en Lc. 18:18-30). En seguida veremos por qué.

2. Jesús y la liberación integral

Frente al sufrimiento de los pobres en todas sus dimensiones (pobreza, cautiverio, opresión, ceguera) Jesús se atreve a ofrecerse personalmente como la solución divina. Al igual que el análisis que hace de la situación tiene cuatro aspectos, la solución que proclama abarca también cuatro dimensiones.

2.1 El anuncio de la *Buena Noticia* (la evangelización). A primera vista la solución no parece adecuada para el problema. La miseria y el sufrimiento de los pobres reclama más que palabras. ¿Vendrá Jesús a los pobres oprimidos como lo hizo Moisés, con un largo discurso, sólo para descubrir que "no le hicieron caso, porque estaban agobiados por el durísimo trabajo" (Ex. 6:9)?[5]

El hecho es que nuestro texto insiste tres veces en el papel de las *palabras* de Jesús: "El Espíritu del Señor . . . me ha ungido para *anunciar... a proclamar... y proclamar*." Si reconocemos que el que habla es "El Verbo", Hijo unigénito del Padre, que creó el universo por su palabra,[6] podemos valorar por qué. El que habla es *ungido* por el Espíritu divino. Sus palabras, pues, no son meras palabras, sino instrumentos divinos, cargadas con poder de Dios mismo. ¡Cuántos de los milagros de Jesús se cumplieron sencillamente por el poder de sus palabras!

¿Qué debemos entender, entonces, por la "Buena Noticia" (evangelio) que Jesús vino a anunciar a los pobres? Es una palabra rica en connotaciones en toda la teología bíblica. Se refiere al hecho de la llegada del reino de Dios (el orden final justo) en la persona de Jesús (Lc. 4:43). En su sentido más completo el evangelio incluye la noticia de la muerte y resurrección de Jesús (1 Co. 15:1-3). Pero, según San Lucas, Jesús quiere hacer patente que el evangelio y el reino de Dios tienen que ver ante todo con los pobres. En el primer siglo, tanto "evangelio" como "reino" son palabras de la esfera política. Ya hemos visto que Jesús habla del mismo grupo (los pobres) utilizando cuatro términos. Queremos señalar de momento que la Buena Noticia se define en el contexto por los sinónimos que la siguen.

2.2 Jesús recalca que la Buena Noticia que trajo es sobre todo un mensaje de "liberación" y de "libertad": "Me ha enviado a *proclamar* la *liberación* a los cautivos . . . para *dar* la *libertad* a los oprimidos". Es importante notar que Jesús opta por usar dos veces la misma palabra [griego: *áfesis*]. La iglesia ha caído repetidas veces en la trampa de prostituir su influencia al promover la opresión mantenida por el orden establecido. Pero Jesús deja una cosa en claro: el evangelio auténtico que él predica no se presta a la opresión, sino a la liberación. Es un mensaje libertador, no esclavizador.

La palabra griega [*áfesis*] que en nuestro texto se traduce por "liberación" y "libertad", tiene sentido amplio. En San Lucas ocurre cinco veces y suele traducirse por "perdón" (la liberación de la culpa y el castigo del pecado). Por ejemplo después de la resurrección Jesús explicó su mensaje en estos términos: "que el mesías [ungido] tenía que morir y que al tercer día tenía que resucitar de la muerte; y que en su nombre había que predicar a todas las naciones, comenzando desde Jerusalén, diciéndoles que deben arrepentirse para que sus pecados les sean *perdonados* [*áfesis*]" (Lc. 24:46-47).[7]

A veces se oye hablar de cristianos que discuten entre sí: unos quieren proclamar un evangelio de "liberación" sociopolítica a los pobres; otros quieren ofrecer el "perdón" de pecados a los ricos. Pero Jesús no nos permite ese lujo de dos evangelios, uno para los pobres y otro para los ricos. Anuncia *un* evangelio de "liberación-perdón" que es la Buena Noticia para los pobres. Por supuesto esta buena noticia para el pobre se puede entender como "mala noticia" para el rico que tiene que arrepentirse de sus prácticas opresoras, compartir sus bienes y comprometerse con los pobres. El evangelio llega a ser "buena noticia" para el rico solo en el sentido de que ofrece el perdón y una vida nueva al opresor genuinamente arrepentido. Lucas 4:18-19 hace imposible que eliminemos la dimensión sociopolítica del evangelio, al igual que Lc. 24:46-47 hace imposible que reduzcamos el evangelio a un plano puramente horizontal, eliminando el perdón de los pecados.

Notemos además que Jesús no vino sólo para *predicar* sobre la liberación —dice que vino a *dar* libertad a los oprimidos. Para recalcar la praxis liberadora de su misión, Jesús intercala en la cita de Isaías 61:1-2 una frase de Is. 58:6, donde se expresan en forma explícita "a enviar [despedir] a los oprimidos en libertad". Se trata de una referencia a la revolución del año de Jubileo, como veremos luego.

2.3 *Vista y conciencia.* La tercera dimensión de la misión de Jesús es esta: Dios lo envió a proclamar "la vista a los ciegos", quienes representan a todos los enfermos. Cuando Juan Bautista fue encarcelado, envió mensajeros a

Jesús para asegurarse de que era de veras el Mesías esperado. Jesús le respondió:

> Id y contad a Juan lo que habéis visto y oído: Los
> ciegos ven, los cojos andan, los leprosos quedan
> limpios, los sordos oyen, los muertos resucitan,
> se anuncia a los pobres la Buena Nueva; ¡y dicho-
> so aquel que no halle escándalo en mí! (Lc. 7:22-
> 23).

Es decir, la misión de Jesús y sus seguidores auténticos
siempre incluye la dimensión de curación —a veces mila-
grosa— de los enfermos, don espiritual que en la actualidad
se vuelve a descubrir en muchas iglesias. Jamás debemos
"espiritualizar" la interpretación del evangelio de Jesús
al punto de eliminar o disminuir el elemento de sanidad física para los enfermos.[8] Pero tampoco debemos negar que
la "vista" que Jesús da incluye un fuerte elemento de conciencia: un nuevo discernimiento espiritual que ilumina
toda la situación humana, sobre todo los sufrimientos de
los pobres.[9] Este discernimiento puede movernos no solo
a orar por los enfermos, sino a insistir que haya también
buen servicio médico público para todo ciudadano. Como
dice Santiago, "la fe sin obras está muerta" (2:17).

2.4 "El año agradable del Señor": *la revolución.* La relación entre liberación y perdón se aclara cuando nos fija-
mos en la dimensión final del mensaje de Jesús: "el año
agradable (aceptable) del Señor". Aunque no resulta obvio
a primera vista, éste es el aspecto más revolucionario del
mensaje de Jesús, porque hace referencia al "año de jubileo" explicado en Levítico 25:8-55. Según esta ley Dios
había programado una verdadera revolución cada 50 años
para evitar el desarrollo de extremos de riqueza y pobreza
en su pueblo. Por ser un texto legal largo y detallado, no lo
citaremos todo, pero es esencial que captemos los tres rasgos esenciales del año de Jubileo, que ocurría cada 50
años, y representaba una especie de repetición de la expe-

riencia del Exodo. Las provisiones esenciales de esta ley
son:

(a) Libertad (manumisión [hebreo *deror*]) para todos
los deudores y esclavos: "proclamaréis en la tierra liberación para todos sus habitantes".[10] Es paralelo a la *salida*
de Egipto en el Exodo.

(b) La vuelta de todos a su propiedad paterna y su clan,
una especie de reforma agraria con redistribución de riquezas: "cada uno recobrará su propiedad y retornará a su
familia".[11] Es paralelo a la entrada, o invasión de la tierra, contada en el libro de Josué.

(c) Descanso (barbecho) para la tierra: "no sembraréis,
ni segaréis los rebotes . . . [12]

Es evidente que todas las provisiones básicas del año de
Jubileo tienen relación con la libertad (de deudores, esclavos, propiedades y de la misma tierra). Por eso el profeta
Ezequiel lo llamó sencillamente "el año de libertad"
(46:17), e Isaías, en el texto que Jesús citó, "el año aceptable (agradable) del Señor" (61:2). El Jubileo representaba una reactualización de la experiencia del Exodo (liberación y salida de esclavos) y de Josué (entrada y repar-
tición justa de la tierra a toda familia). La ley del año de
Jubileo era necesaria porque la opresión de los pobres la
puede promover una oligarquía de ricachones nacionales y
no sólo poderes extranjeros. Las implicaciones económicas y sociales del año de Jubileo son verdaderamente revolucionarias, puesto que su fiel observancia evitaría el desarrollo de extremos de pobreza y riqueza en una sociedad
agrícola.

Solo a la luz del año de Jubileo se puede entender el texto de Isaías que Jesús cita al inaugurar su ministerio. Incluso es posible que el año en que Jesús inició su ministerio
fuera un año de Jubileo según el calendario judío.[13] De
todos modos la Buena Noticia para los pobres es que, con
la llegada del reino de Dios en la persona de Jesús, las *provisiones* del año de Jubileo —"el año agradable del Señor"—

empiezan a ponerse en práctica. Podemos ver a lo largo del ministerio de Jesús cómo proclama y enseña a sus discípulos a poner en práctica las provisiones revolucionarias del Jubileo:

(a) De no sembrar, segar y recoger, sino vivir por fe, confiando que Dios les satisfaga las necesidades.[14]

(b) De perdonar las deudas a todos.[15]

(c) De redistribuir las riquezas.[16]

Jesús recalca de este modo la relación de su ministerio con el año de Jubileo, y destaca las dimensiones libertadoras de su enseñanza y praxis. Hace una combinación original de dos textos de las Escrituras (Is. 58:6; 61:2) para poner de manifiesto que su misión es poner en marcha la revolución del año de Jubileo.[17]

Resumen

Hemos visto, pues, que al definir su misión Jesús hace un análisis profundo de la situación de los pobres, destacando la relación entre pobreza, esclavitud, ceguera (enfermedad) y opresión (injusticia). Además, al combinar dos citas de Isaías que hablan del Jubileo, Jesús subraya que su misión es poner en marcha una revolución liberadora para los pobres y oprimidos, a partir del anuncio de la Buena Noticia y de la concientización de los mismos. En la comunidad de sus discípulos auténticos los pobres experimentan las primicias del nuevo orden justo venidero (el "reino de Dios"), que incluye milagros de curación física y redistribución de riquezas.

3. Un compromiso liberador

Queda por responder la pregunta: ¿Cómo puedo hacerme discípulo auténtico de este Jesús-libertador? Hemos visto lo que Jesús vino a hacer, pero ¿qué hago yo? Nuestro texto nos señala que el compromiso cristiano consiste de

tres pasos: dos preliminares y un tercero, tan decisivo, que
me hace discípulo auténtico.

3.1 *Primero tengo que reconocer mi verdadera situación*
debido a la actitud divina hacia la injusticia.

Jesús habló de los pobres, esclavos, enfermos, oprimidos. Debo reconocer que éste es un diagnóstico fiel de *mi
condición personal.* Si no es así, entonces Jesús no tiene
nada que ofrecerme. Como él mismo dijo a los fariseos
(que se creían sanos y justos):

"Los que están sanos no tienen necesidad de médico, sino los enfermos. No he venido a llamar a
"justos" sino a pecadores [opresores] al arrepentimiento" (Lc. 5:31-32).

Todos somos a la vez oprimidos y opresores (Hch. 10:
38; Ro. 3:23). La opresión diabólica funciona no solo en
el plano de las clases sociales, sino en toda esfera de la
vida humana: en la familia, en las escuelas y pulperías,
además en los latifundios y las grandes compañías mul-
tinacionales. ¡Cuántas veces el obrero oprimido en su
trabajo es el peor tirano con su propia esposa e hijos en
casa!

El primer paso en el discipulado cristiano auténtico es,
pues, reconocer con humildad mi situación: soy "opresor-
oprimido". Si permito que el orgullo y el egoísmo me cie-
rren los ojos a la realidad de mi condición y necesidad personales, jamás podré experimentar la liberación que Jesús
ofrece. No puedo engañar a Dios ni tampoco a mi compa-
ñero; sólo a mí mismo: "Si decimos que no tenemos pecado nos engañamos *a nosotros mismos,* y la verdad no
está en nosotros" (1 Juan 1:8). ¡Esto sí es ser ciego!

Para reconocer mi verdadera situación es necesario además recordar la actitud divina frente a la injusticia humana.
Al crearnos a su imagen (Gn. 1:28) Dios dejó en nosotros
una huella que persiste aún después de la caída. Al contemplar las injusticias y opresiones en el mundo, ¿cómo
me siento? ¿Indignado?

¡Dios aún más! Como dice San Pablo: "La ira de Dios se revela contra *toda impiedad e injusticia humana* (Ro. 1:18). Esta indignación divina no es como la ira de los dioses paganos, una emoción irrazonable y vacilante. La ira divina es la indignación moral y hostilidad persistente que Dios expresa contra todo egoísmo, orgullo, injusticia y opresión. Muchos se equivocan al concluir que, siendo Dios amor, no puede tener ira. Según las Escrituras no es así. Porque Dios es amor *no puede quedarse indiferente* frente a la opresión de los pobres (Ex. 22:21-24).

Jesús mismo expresó con claridad la indignación divina contra la impiedad e injusticia cuando limpió el templo.[18] También se enojó Jesús contra los fariseos cuando trataron de oponerse a su ministerio liberador.[19] Y así es Dios. El único libro que nos enseña que "Dios es amor" (1 Juan 4:16, 23) insiste primero en que "Dios es luz" (santo, justo, persistente en desenmascarar todas las sutilezas del egoísmo humano; 1 Juan 1:5). Y el mismo capítulo bíblico que proclama "De tal manera *amó* Dios al mundo" termina afirmando "el que desobedece al Hijo no verá vida, sino que la *ira* de Dios está sobre él" (Juan 3:36; cp. v. 16). Es una de las grandes virtudes de las teologías latinoamericanas de liberación haber insistido en la naturaleza conflictiva del amor cristiano. Como dice el italiano, Jules Girardi, en su muy citado libro, *Amor cristiano y lucha de clases:*

> Sin duda el evangelio nos manda que amemos a los enemigos, pero no nos dice que no los tengamos o que no los combatamos . . . El cristiano debe amar a todos, pero no a todos del mismo modo: al oprimido se lo ama defendiéndole y liberándole, al opresor acusándole y combatiéndole. El amor nos exige luchar para liberar a todos los que viven en una condición de pecado objetivo. La liberación de los pobres y de los ricos se realiza al mismo tiempo . . . De este mo-

do, paradójicamente, la lucha de clases no sólo no contradice la universalidad del amor, sino que es una exigencia suya.[20]

Dios nos ama, pero no ama nuestros pecados. Sin embargo, frente a toda impiedad e injusticia humana, *Dios* expresa su indignación. Como se ve en el libro del Exodo este combate y lucha a favor de los oprimidos nos involucra en acciones políticas, pero no implica el uso de medios violentos.[21] Aquí llegamos al punto más profundo del análisis bíblico de la situación humana: ¿Qué tiene que ver la liberación que anunció Jesús con la ira de Dios?

Otra vez encontramos la respuesta en las referencias que Jesús hizo al año de Jubileo. Esto nos conduce al segundo paso para hacerse discípulo auténtico de Jesús.

3.2 *Tengo que reconocer quién es Jesús y qué hizo para liberarme.* La Buena Noticia que vino a anunciar a los pobres se centra en su propia persona y lo que vino a hacer.

Podemos reconocer muchas verdades liberadoras descubiertas por las investigaciones humanas —de personas como Platón, Aristóteles, Buda, Tomás de Aquino, Lutero, Darwin, Freud, Marx, Engels, etc. Pero solo Jesús pudo declarar *"Yo soy la verdad"* (Juan 14:6). Afirmó "si el Hijo os libertare, seréis verdaderamente libres" (Juan 8:36).

Jesús pudo hablar así de sí mismo solo porque es Dios Hijo, nuestro creador (Juan 1:1-2). Se encarnó en una situación opresora, se identificó plenamente con los pobres, y ahí, desde abajo, puso la base para la liberación humana plena. Resistió toda tentación diabólica, vivió libre de todo egoísmo. Combatió las tendencias alienantes del racismo, nacionalismo y machismo de su cultura y puso en marcha la liberación de la mujer (Juan 4). Sin ser político, hizo temblar a los gobernantes de la oligarquía religioso-política de su tiempo. Estos, por fin, lograron crucificarlo, sin darse cuenta de que Dios había planeado establecer con ello la base de la liberación humana plena (Hechos 2:23). Frente a la violencia injusta de la oligarquía, Dios desató la contra-violencia en la resurrección de su Hijo (Col. 2:15).

Pero, *¿por qué tuvo que morir Jesús?* Para poder apreciar la dimensión más profunda de la liberación que nos trajo, es necesario volver al año de Jubileo en Lv. 25.

Es importante notar *cuándo* ocurrió la proclamación de este jubileo en el calendario israelita, según el Antiguo Testamento: "el día de la propiciación [hebreo: *kofer*][22] haréis tocar la trompeta por toda vuestra tierra" (Lv. 25:9). Es decir, la base para la revolución del Jubileo está en el día de Propiciación, cuando Dios prefiguró con los ritos israelitas el único sacrificio verdaderamente eficaz: el de su propio Hijo.

Así nos hace entender Pablo el significado de la muerte de Jesús. La raíz del problema humano se había planteado en Romanos 1:18, la ira de Dios contra toda impiedad e injusticia humanas. La respuesta viene cuando Pablo explica el sentido de la muerte de Jesús,

> a quien Dios puso como *propiciación* por medio de la fe en su sangre, para manifestar su justicia, a causa de haber pasado por alto, en su paciencia, los pecados pasados, con la mira de manifestar en este tiempo [después de la cruz] su justicia, a fin de que él sea el justo, y el que justifica al que es de la fe de Jesús (Ro. 3:25s).

Al comparar los textos bíblicos resulta evidente el paralelismo:

> En el Levítico el Jubileo se basa en el día de Propiciación. En Lucas 4:18-19 la liberación se vincula con el perdón. Y en la carta a los Romanos la redención (liberación) se logra por la *propiciación*, en la cual la sangre de Jesús *desvía y devuelve* la *ira* divina.

Es decir, la cruz de Jesús se levanta como un gran pararrayos: allá el Hijo de Dios sufre en nuestro lugar el infierno y todas las demás consecuencias de la ira de Dios contra la injusticia humana. En los capítulos siguientes de la carta a los Romanos San Pablo nos muestra todas las dimensiones de nuestra liberación que fluyen de la cruz de Cristo:

Somos justificados (libres de *la culpa del pecado),* capítulo 3-4;

libres de *la ira de Dios* (5:9; cp. 1 Ts. 5:9);

libertados del *dominio del pecado* (6:18);

libres de *la ley* (7:6);

libres de *la muerte* (8:2).

La libertad cristiana en todas sus dimensiones se basa en la muerte propiciatoria de Jesús. ¡Como hecho culminante Cristo librará de corrupción y muerte a toda la creación (Ro. 8:21)!

De este modo podemos apreciar mejor el contexto de la declaración de Jesús en Lucas 4:18-19. En el bautismo Jesús se comprometió a seguir el camino de la cruz. En la tentación resistió con firmeza todas las sutilezas diabólicas que lo hubieran desviado de esta ruta.[23] Por eso, habiendo escogido el camino de la cruz y sabiendo que iba a hacer el sacrificio que aplacaría la ira divina, pudo iniciar su ministerio proclamando (como la trompeta que inauguraba el año de Jubileo) "buena noticia para los pobres" y "libertad para los cautivos".

Hemos visto, pues, lo que hizo Jesús para hacer posible nuestra plena liberación. Pero ¿qué me queda por hacer para poder disfrutar de esta liberación? Dar un paso crucial.

3.3 *Tengo que comprometerme con Jesús en forma personal.* ¿Reconozco a Jesús como el único libertador verdadero? Tengo que *confiar* en él en forma personal como *mi* libertador y colocarme con firmeza en las filas de sus seguidores.

¿Reconozco que estoy atado por el egoísmo, los vicios, alienado de Dios, que soy incapaz de promover la justicia y la plena reconciliación humana? A la persona así esclavizada no le basta *luchar* contra las fuerzas que la atan: ¡tiene que ser liberado por el Hijo de Dios! Muchas son las filosofías y religiones humanas que *hablan* de la liberación. Pero sólo Jesús se ofrece como libertador plenamente capaz de librarnos.

Tengo que dejar, pues, de confiar en todas las demás "liberaciones" y "libertadores", ya sean la educación y las ciencias humanísticas, las supersticiones religiosas-no-cristianas (espiritismo, brujería, astrología), o las ideologías políticas, etc. *Tengo que confiar (creer) plena y únicamente en Jesús como mi Libertador verdadero:* el que me libra del dominio del egoísmo en el presente y de la ira divina venidera.

Una aclaración. Jesús, el Hijo de Dios, puede librarnos de todo porque es *Señor de todo* (Hechos 10:36). El hecho del señorío de Jesucristo es un aspecto intrínseco de las *Buenas* Nuevas. Como él mismo anunció después de haber triunfado sobre la muerte:

"Toda autoridad me es dada en el cielo y en la tierra" (Mt. 28:18). Por lo tanto ninguna otra fuerza puede amenazarnos, atarnos ni hacernos temer. Así Pablo puede proclamar:

Salimos *más que vencedores* por medio de aquel que nos amó. Así que, estoy seguro de que no hay nada que nos pueda separar del amor de Dios. Ni la muerte, ni la vida, ni los ángeles, ni los poderes y fuerzas espirituales, ni lo presente, ni lo futuro, ni lo alto, ni lo profundo, ni ninguna otra de las cosas que fueron hechas por Dios, puede separarnos del amor que él nos ha mostrado en Cristo Jesús *nuestro Señor* (Ro. 8: 37-39).

Para poder disfrutar de esta liberación plena de las fuerzas alienantes, *tengo que entregarme en forma personal a Jesús en un acto consciente, reconociéndolo como el Señor de mi vida.* Tengo que decir:

Cautívame Señor, y libre en tí seré;
Anhelo ser un vencedor, rindiéndome a tus pies.

Por naturaleza soy individualista rebelde. No quiero reconocer la autoridad de Jesús sobre mi vida. Esta es la esencia del problema humano, según las Escrituras.

Todos nosotros nos descarriamos como ovejas,
cada cual se apartó por *su camino;*
mas Jehová cargó en él el pecado de todos nosotros (Is. 53:6).

Pero la liberación que Cristo ofrece no equivale a libertinaje. Para experimentar la libertad genuina y ser instrumento de ella tengo que dar la espalda al egoísmo e individualismo y poner mi vida en las manos del que me creó. Sólo él es capaz de liberarme de todo vicio e infidelidad. Sólo él puede limpiar, llenar y dirigir mi vida de tal manera que sea una vida abundante y libertadora para los demás.

Una oración

Este compromiso se puede hacer en forma espontánea con tus propias palabras. O si quisieras, puedes utilizar la sencilla oración siguiente:

"Señor Jesús, tantas veces me he indignado contra las injusticias y opresiones de los demás contra los pobres. Ahora quiero confesar humildemente mi propia injusticia y egoísmo. He querido contribuir a la solución de los problemas de mi país. Pero tengo que reconocer que yo mismo soy parte de ellos, como 'opresor-oprimido'. Reconozco que merezco solamente la justa indignación eterna de Dios y que yo no puedo hacer nada para liberarme a mí mismo.

"Pero creo firmemente que tú eres el verdadero Libertador enviado por Dios. Reconozco que por tu encarnación, vida perfecta, muerte propiciatoria y resurrección triunfal, has hecho todo lo necesario para librarme. Te doy gracias por haber llevado en la cruz todo el castigo que yo merezco para librarme de mi culpa y traer al mundo una liberación integral.

"He contado el costo de ser discípulo auténtico tuyo.

De todo corazón quiero dar la espalda a mi egoísmo y orgullo y dejar todo vicio. Me entrego enteramente a ti como mi Señor. Libérame ahora de toda fuerza alienante que me ata. Lléname de tu Espíritu Santo, y guíame siempre en tu camino.

"Creo que por largo tiempo has estado tocando pacientemente a la puerta de mi vida. Ahora vengo de ti y te abro la puerta. Entra, Señor Jesús, para ser mi Señor y Libertador para siempre. Y en compañerismo con mis hermanos, discípulos tuyos, hazme instrumento de tu justicia, liberación y paz. En tu nombre, Amén".

4. La praxis cristiana (Hechos 2:41-47)

La praxis cristiana se resume en el relato paradigmático de los Hechos de los Apóstoles acerca de la primera iglesia:

> Así que, los que recibieron su palabra [el sermón de Pedro el día de Pentecostés] fueron bautizados; y se añadieron aquel día como tres mil personas. Y perseveraban en la enseñanza de los apóstoles y en la comunión (compañerismo, griego: ·*koinonía*): en el partimiento del pan y en las oraciones (2:41-42).

4.1 *El Bautismo*. El bautismo es la puerta de entrada a la Iglesia de Cristo. Si uno nunca ha sido bautizado, es el primer paso a dar en el compromiso cristiano auténtico. Fue como los primeros cristianos expresaron su compromiso en forma pública y experimentaron la efusión del Espíritu Santo en sus vidas.

Si uno ya ha sido bautizado, no es aconsejable repetirlo porque las Escrituras nos enseñan que hay *un* solo bautismo, señal de la unidad de Dios y su pueblo (Efesios 4:1-6). La oración que acabas de decir puede servir como una a modo de renovación del compromiso bautismal. Has pedido que Dios haga real en tu vida, por obra del Espíritu Santo, lo que te fue señalado al ser bautizado con agua.

Debes compartir hoy con un amigo cristiano lo que has hecho —y si por alguna razón nunca fuiste bautizado con agua, trata de hacerlo lo más pronto posible (Mt. 28: 18-20).[2 4]

4.2 *La enseñanza de los apóstoles (la concientización continua con la Palabra de Dios).* Lo que los apóstoles enseñaron en la Palabra de Dios (1 Co. 14:37) y que poseemos en las Escrituras del Antiguo y el Nuevo Testamento. Jesús dijo "Si vosotros permaneciereis en mi palabra, seréis verdaderamente mis discípulos; y conoceréis la verdad, y *la verdad os hará libres".* Para ser liberado y libertador es esencial dedicar tiempo a diario al diálogo con Dios en su Palabra. Esta concientización es un proceso que dura toda la vida.[2 5]

4.3 *La koinonía* (comunión, compañerismo, vida en común). Fíjate que al liberarte Jesús no quiso hacerte un "héroe" aislado al estilo del Cid o Don Quijote. El quiere liberarte del egoísmo y del individualismo. Te coloca en el seno de un nuevo compañerismo donde puedes aprender la fraternidad genuina, el amor verdadero de los hermanos y la acción social en equipo. El primer mandamiento de tu Señor es el amor a los hermanos (Juan 13:34-35). *Un cristiano aislado no puede ser un discípulo auténtico: le ha huido a la escuela del amor.*

Esta *koinonía* (vida en común) de los primeros discípulos tenía dos expresiones principales:

(a) El partimiento del plan (la eucaristía o Cena del Señor) y

(b) Las oraciones.

El partimiento del pan se llevaba a cabo a diario al principio y después por semana (Hechos 20:7), en las casas de los creyentes (2:46). Tal como se practicaba en las primeras iglesias era otra manera de compartir con los pobres una comida común (1 Co. 11:20-22), y además se tomaban ofrendas para aliviar a los pobres (1 Co. 16:1-3; Ro. 15:25-26).[2 6]

Las oraciones. El Espíritu Santo nos da la libertad de acercarnos a Dios Padre con toda la confianza de hijos amados (Ro. 8:15-17). Además de las oraciones litúrgicas en el templo (Hechos 3:1), también había reuniones informales e íntimas en las casas (2:46-47), a veces contestadas con curaciones, exorcismos y otros milagros libertadores (2:43).

Conclusión. La iglesia (o "comunidad de base") auténtica tiene que ser muestra y señal del reino venidero, dando prioridad a la lucha contra toda opresión, injusticia y pobreza. Evita toda dicotomía antibíblica, para lo que busca encarnar en una sociedad opresora la *liberación integral* que solo Cristo trae. De este modo sirve de instrumento divino para la liberación de nuestra culpa ante un Dios justiciero, la sanidad interior de heridas sicológicas, la curación física, y la liberación sociopolítica en la esfera comunitaria, nacional e internacional.

Quiero ser, oh Señor, instrumento de tu liberación.

Gracias por haber encaminado la revolución verdadera que anhelamos.

Quiero incorporarme en una comunidad cristiana que practique la liberación integral.

Ya bastan las hipocresías y los paños tibios.

Hazme un discípulo auténtico.

En el nombre de Jesús, el Libertador, Amén.

NOTAS

1. Véase, por ejemplo, Friederich Engels, "La guerra campesina en Alemania" (1850), p. 205; "El Libro del Apocalipsis" (1883), p. 323s.: "Sobre la historia del cristianismo primitivo" (1894), p. 403, en *Karl Marx y Friederich Engels sobre la religión.* Editores Hugo Assmann y Reyes Mata (Salamanca: Ediciones Sígueme, 1974).

2. José Míguez Bonino, *Christians and Marxists: The Mutual Challenge to Revolution* (Grand Rapids; Wm. B. Eerdmans, 1976), *passim.*

3. Mt. 5:25-26; 18:30, 34; Lc. 12:57-59. Claus Westermann, *Isaiah 40-66: A Commentary* (Philadelphia: The Westminster Press, 1969), p. 366. No son "prisioneros de guerra" como afirma I. Howard Marshall, *The Gospel of Luke* (Exeter: The Paternoster Press, 1978), p. 184.

4. Lc. 4:18; 7:21-22; 14:13, 21; 18:35. Con Lc. 14:13, 21, cp. la provisión del año de Jubileo (Lv. 25:35; Is. 58:7) de recibir en casa a los pobres sin hogar.

5. ¡Hay que notar, sin embargo, que fue Dios mismo quien mandó a Moisés que predicara su largo discurso! Véase el contexto en Ex. 5:22-6:9.

6. Jn. 1:1-3; Gn. 1:1ss.

7. Cp. Lc. 1:77; 3:3.

8. Para una excelente orientación en este campo tan controversial y delicado, véase Francis McNutt, *Sanación: Carisma de hoy* (Aguas Buenas, Puerto Rico: Publicaciones Nueva Vida, 1976). Cp. nuestro Cap. II sobre la sanación física en la obra del Siervo Sufriente.

9. Un ejemplo poderoso de la concientización y desenmascaramiento que Jesús hizo se encuentra en Mt. 23 (contra los fariseos).

10. Lv. 25:10c; cp. vv. 35-55.

11. Lv. 25:10b; cp. vv. 13-38, 23-24.

12. Lv. 25:11-12; cp. vv. 19-22. Véase además el año sabático con un descanso para la tierra cada siete años, 25:1-7.

13. Marshall, *The Gospel of Luke*, pp. 184, 133 y literatura citada.

14. Lc. 12:29-31; Mt. 6:25-26; 31-33.

15. Mt. 5:40-42; 6:12; Lc. 6:33; Mt. 18:23-35; Lc. 16:1-15; 12: 30-33.

16. Lc. 12:30-33; 11:42; Hechos 2:44-45; 4:32-37. En John Howard Yoder, *The Politics of Jesus* Grand Rapids: Eerdmans, 1972), se encuentra un estudio del año de Jubileo en la enseñanza de Jesús.

17. En general se reconoce que Jesús en Lc. 4:19 e Isaías en 61:2 aluden al año de Jubileo. Lo que no ha recibido suficiente atención es que Is. 58 también hace referencia a lo mismo, Jubileo. Los teólogos no han podido explicar por qué Jesús en la sinagoga interrumpe su lectura de Is. 61:1-2, para introducir una frase suelta de Is. 58:6 ("a enviar [despedir] a los oprimidos en libertad"). Una vez que reconocemos la relación de Is. 58 con las provisiones del año de Jubileo, la respuesta es obvia. Que Is. 58 también se refiere al año de Jubileo (Lv. 25) es evidente por las siguientes razones: (1) Is. 58 ocurre en una sección que por su estructura enfatiza el sábado —56:1 y 58:13-14; (2) Is. 58 toma como punto de partida un ayuno y el día de Propiciación, cuando se proclamaba el Jubileo, era el único ayuno en el calendario legal del Antiguo Testamento; (3) Is. 58 repite las provisiones básicas del año de Jubileo, de librar a los deudores y oprimidos, compartir pan con el pobre, alojamiento, etc...; (4) existen muchos vínculos lingüísticos entre los dos capítulos. Para más detalles, véase Cap. IV "Jesús libertador y el año de Jubileo: una nueva interpretación de Isaías 58, partiendo de Lucas 4:18-19".

18. Juan 2:13-22; Mr. 11:15-17; Lc. 19:45-46; Mt. 21:12-13; ¡véanse los cuadros del Greco de esta escena tan memorable!

19. Mr. 3:1-6; Mt. 23.

20. Jules Girardi, *Amor cristiano y lucha de clases* (Salamanca: Sígueme, 1975), p. 57.

21. Para una perspectiva cristiana sobre la violencia, véase José Míguez Bonino, *La fe en busca de eficacia* (Salamanca: Sígueme, 1977) cap. 6. Cp. nuestro cap. II sobre el Siervo que "no hizo violencia".

22. Una propiciación es algo que desvía o devuelve la ira. Véase Leon Morris, *The Apostolic Preaching of the Cross* (Grand Rapids: Wm. B. Eerdmans, 1956), pp. 125-185; C.E.B. Cranfield, *A Critical and Exegetical Commentary on the Epistle to the Romans* en la serie I.C.C. (Edinburgh: T. & T. Clark Ltd., 1975), pp. 214-216.

23. Cp. Mr. 8:31-34 donde Pedro trató de desviarlo del camino de la cruz.

24. Sobre el bautismo véase Tomás Hanks D., *Tu bautismo según las Escrituras: Hacia una interpretación ecuménica, profética y pastoral* (Minamundo, Apto. 10250, San José, Costa Rica, 1979).

25. Se encuentra orientación para el estudio diario de las Escrituras y la oración, en *El tiempo devocional* [varios autores] (Miami: Editorial Caribe, 1972). También en *Encuentro con Dios* [notas para el estudio bíblico diario] (Buenos Aires: Unión Bíblica, Tucumán 358 6º L).

26. Se pueden encontrar más detalles sobre el partimiento del pan en Carlos Alonso Vargas, *A los hermanos protestantes: Acerca de la doctrina católica de la presencia de Cristo en la eucaristía* (San José: Agape, 1977).

Una bibliografía básica

Stott, John R.W. *Cristianismo Básico* (Buenos Aires: Ediciones Certeza, 1977²). Muy popular con universitarios.

Lewis, C.S. *Cristianismo . . . ¡y nada más!* (Miami: Editorial Caribe, 1977). Un clásico; ecuménico en orientación.

Barrientos, Alberto. *Formación de la Nueva Persona en Cristo: Guía para Diálogos* (San José: Instituto de Evangelización a Fondo [Apdo. 10250, San José, Costa Rica]).

Voelkel, Ana María. *Compañía de los comprometidos* (Minamundo/U.C.U., Apto. Aéreo 21524, Bogotá, Colombia).

Los Diez Grados Básicos del Desarrollo Cristiano [10 libritos] (Cruzada Estudiantil y Profesional de México, Apto. 1023, Cuernavaca, Mor., México, 1964).

Padilla, C. René. *El Evangelio hoy* (Buenos Aires: Ediciones Certeza, 1975).

Kung, Hans. *Ser Cristiano* (Madrid: Ediciones Cristiandad, 1977), 764 p. Para estudiantes avanzados.